Pareys bunte Gartentips

In der Reihe

Pareys bunte Gartentips

sind bisher erschienen:

R. Gardiner,	So wird der Rasen perfekt
R. Grounds,	So schneidet man Zier- und Obstgehölze
R. Grounds,	So pflegt man Zimmerpflanzen
R. C. M. Wright,	So vermehrt man Pflanzen im Zimmer, im Garten und im Gewächshaus
R. Genders,	So einfach ist der Anbau von Gemüse
F. Glasau,	So hat man mehr Freude an Rosen
G. Fritzsche,	So wächst und blüht es auf dem Balkon
H. Kohstall,	Laubgehölze für den Garten
H. Kohstall,	So schmückt man Gärten mit immergrünen Laubgehölzen, Rhododendron und Heide
E. Stamm,	Erfolgreiches Gärtnern auf Hochbeeten
A. Förster,	So wird ein naturgemäßer Gartenteich angelegt
B. Elers,	So gärtnert man biologisch
M. Mäkeler,	Fruchtbarer Gartenboden durch richtige Bodenpflege und Düngung
H. Dopp,	So pflegt man Kakteen im Zimmer, Gewächshaus und Garten
H. Schmick,	Der naturgemäße Steingarten
G. Ortmann,	Urlaubssichere Bewässerung für Pflanzen

Die Reihe wird fortgesetzt

Günter Ortmann

Urlaubssichere Bewässerung für Pflanzen

Automatische und halbautomatische
Urlaubs- und Dauerbewässerungseinrichtungen
für Topf-, Kübel-, Ampel- und Balkonpflanzen
und den Garten

Mit 36 Farbabbildungen, 42 Zeichnungen
und 7 tabellarischen Übersichten

Verlag Paul Parey · Berlin und Hamburg

Umschlagfoto:
Günter Ortmann

Anschrift des Autors:
Dipl.-Ing. Günter Ortmann
Uhlandstraße 31 a
D-4010 Hilden

Die Deutsche Bibliothek – CIP – Einheitsaufnahme
Ortmann, Günter:
Urlaubssichere Bewässerung für Pflanzen : automatische und halbautomatische Urlaubs- und Dauerbewässerungseinrichtungen für Topf-, Kübel-, Ampel- und Balkonpflanzen und den Garten / Günter Ortmann. – Berlin ; Hamburg : Parey, 1991
(Pareys bunte Gartentips)
ISBN 3-489-63424-1

Abbildungsnachweis:
Fotos: Hans-Dieter Warda (S. 73, 88, 89), Axel Grambow (S. 17, 28, 37), Johannes Apel (S. 84, 87), Wolf-Geräte (S. 34), Polyflex Rohrproduktions GmbH (S. 38), Gardena Kress + Kastner GmbH (S. 8, 32, 39), Burda GmbH (S. 21, 25, 47), Weninger KG (S. 40), Grodan (S. 44), BTF (S. 31), Jopa (S. 75)
Übrige Fotos sowie Umschlagfoto und Zeichnungen vom Verfasser.

©1992
Verlag Paul Parey, Berlin und Hamburg
Anschriften:
Seelbuschring 9–17, D-1000 Berlin 42
Spitalerstraße 12, D-2000 Hamburg 1

ISBN 3-489-63424-1 • Printed in Germany

Das Werk ist urheberrechtlich geschützt. Die dadurch begründeten Rechte, insbesondere die der Übersetzung, des Nachdrucks, des Vortrages, der Entnahme von Abbildungen, der Funksendung, der Mikroverfilmung oder der Vervielfältigung auf anderen Wegen und der Speicherung in Datenverarbeitungsanlagen, bleiben, auch bei nur auszugsweiser Verwertung, vorbehalten. Eine Vervielfältigung dieses Werkes oder von Teilen dieses Werkes ist auch im Einzelfall nur in den Grenzen der gesetzlichen Bestimmungen des Urheberrechtsgesetzes der Bundesrepublik Deutschland vom 9. September 1965 in der Fassung vom 24. Juni 1985 zulässig. Sie ist grundsätzlich vergütungspflichtig. Zuwiderhandlungen unterliegen den Strafbestimmungen des Urheberrechtsgesetzes.

Schrift:
Times und Kabel
(Siemens-Satzsystem Diacos)

Umschlag:
Atelier Buchholz/Hinsch/Hensinger
D-2000 Hamburg 73

Satz und Druck:
Druckerei Georg Appl,
D-8853 Wemding

Bindung:
Buchbinderei Bruno Helm,
D-1000 Berlin 30

Vorwort

Ein Hobby ist so lange schön, wie man sich nicht zu dessen Sklave macht und Tag für Tag zu bestimmten Zeiten festgelegte Arbeiten ausführen muß. Hin und wieder sollte man auch einmal vom Hobby Urlaub machen. Das gilt sowohl für die Pflanzen in der Wohnung oder im Büro, als auch für die auf dem Balkon, im Gewächshaus und im Garten.
Nicht zuletzt aus diesem Grunde entstand die Hydrokultur und bereits unsere Großmütter verwendeten Wollfäden für die Selbstversorgung der Pflanzen mit Wasser. Inzwischen gibt es eine ganze Reihe von Bewässerungsverfahren, aber die Methode mit dem Wollfaden ist heute noch »in«, weil sie billig ist.
Apropos Hobby, der Autor dieses Buches schenkte vor mehr als 20 Jahren seiner Frau zum Hochzeitstag eine Orchidee und aus dieser einen Pflanze als Ideen-Impuls entstand dann nach und nach eine volle Fensterbank mit Orchideen und Begleitpflanzen. Dann folgte ein erstes und ein zweites Gewächshaus, dazu kam der Garten und so wurde schließlich das Hobby zur echten Arbeit.
Beruflich mit der Technik verwachsen, fing der Autor schon früh mit allen möglichen Experimenten an, um das Bewässern zu automatisieren. Alles, was in dieser Richtung bekannt war, wurde erprobt. Und eines Tages kam schließlich auch der Gedanke, den Wollfaden durch einen Glasfaserdocht zu ersetzen. Von diesem Zeitpunkt an ging es aufwärts. Heute stehen die meisten Orchideen des Verfassers auf Glasfasermatten.
Und was bei Orchideen funktioniert, klappt erst recht bei anderen Topfpflanzen. So lief die folgerichtige Weiterentwicklung des Verfahrens zu automatisch bewässerten Topf- und Balkonpflanzen sowie Ampel- und Kübelpflanzen, und schließlich wurde auch der Garten in das Bewässerungsprogramm einbezogen.
Die langjährigen Erfahrungen des Autors sind im vorliegenden Buch zusammengefaßt. Es ist für den Anfänger und für den fortgeschrittenen Hobbygärtner bestimmt, insbesondere für denjenigen, der nicht alles als Fertigprodukt kaufen, sondern vieles den Gegebenheiten in seinem Haus oder Garten optimal anpassen möchte.
Der Autor stellt die verschiedenen Verfahren vor, die für die halbautomatische und automatische Urlaubs- und Dauerbewässerung von Topf-, Balkon-, Ampel- und Kübelpflanzen, Epiphyten, den Gemüse- und Ziergarten sowie für den Rasen geeignet sind. Daß die Ausführungen über die von ihm selbst entwickelte Docht- und Mattenbewässerung etwas mehr Platz einnehmen als bereits länger bekannte und in anderen Büchern ausführlich behandelte Bewässerungsverfahren, möge ihm der Leser freundlich nachsehen.

Hilden,
im Sommer 1991   Günter Ortmann

Inhaltsverzeichnis

Vorwort 5

1 Einführung 9

Wachstumsfaktoren 10 · Wieviel Wasser verbrauchen die Pflanzen? 10 · Regen- oder Leitungswasser? 11 · Die umweltfreundliche Bewässerung 11 Urlaubsbewässerung oder ganzjährige automatische Bewässerung? 12 · Welches Bewässerungsverfahren ist geeignet? 14 · Substrate für Langzeitbewässerung 14 · pH-Wert von Substrat und Wasser 16 · Salzgehalt von Substrat und Wasser (Leitwert) 18 · Schäden an Pflanzen – vorbeugen und bekämpfen 19

2 Bewässerungsverfahren – Vor- und Nachteile 20

Einige Begriffe aus der Bewässerungstechnik 20 · Überpflanzenbewässerung 24 · Unterpflanzenbewässerung 26 · Wasserabgabe im oberen Substratbereich 26 · Wasserabgabe im unteren Substratbereich 27

3 Steuerung und Regelung der Bewässerung 29

Manuelle Steuerung 29 · Automatische und halbautomatische Steuerung 29 Regelung der Bewässerung 32 · Computergesteuerte Bewässerung und Düngung 32

4 Beregnungsanlagen 33

Grundlagen 33 · Düsenrohr-Beregnungsanlagen 33 · Sprüh- und Versenkregner 33 · Anwendung im Hobbybereich 35

5 Tropfbewässerung 36

Grundlagen 36 · Einrohr-Tropfbewässerung 37 · Schlauchtropfer 38 · Ventiltropfer, einstellbar 39 · Drosselventiltropfer, nicht einstellbar 39 · Durch Erdfeuchte gesteuerte Tropfer 39 · Anwendung im Hobbybereich 40

6 Kapillarbewässerung 42

Grundlagen 42 · Hydrokultur für Topfpflanzen 42 · Herkömmliche Ebbe-Flut-Bewässerung für Topfpflanzen 43

7 Docht- und Mattenbewässerung 45

Grundlagen 45 · Herkömmliche Dochtbewässerung für Topfpflanzen, Blumenkästen und Gärten 46 · Docht-Röhrchen-Bewässerung für Topfpflanzen 50 · Ebbe-Flut-Dochtbewässerung für Blumenkästen, Ampel-, Kübelpflanzen und Epiphyten 51 · Herkömmliche Mattenbewässerung über Tropfschläuche für Topfpflanzen 63 · Bewässerung mit Glasfasermatten, die sich selbst benässen (Topfpflanzen) 64 · Das umgestülpte Wassergefäß 64 Wasser- bzw. Nährstoffaufnahme aus Rinnen (Topfpflanzen) 65 · Bewässerungsschalen und -wannen für Topfpflanzen 66 · Ebbe-Flut-Mattenbewässerung für Topfpflanzen 66 · Kombinierte Docht-Mattenbewässerung für Topfpflanzen 67 · Vergleich der Dochtbewässerung mit der kombinierten Docht-Mattenbewässerung 68 · Ebbe-Flut-Docht-Mattenbewässerung für Topfpflanzen 68 · Pflanz- und Wassergefäße für Docht- und Mattenbewässerung 90

8 Wasserversorgung 74

Auffangen und Speichern von Regenwasser 74 · Der eigene Brunnen 76 Hochbehälter, Befüllen und Düngerbeigabe 76 · Anschluß der Leitungen 77 Niveau-Steuergeräte 79

9 Elektrizität im Feuchtebereich 85

10 Physikalische und chemische Begriffe in Verbindung mit Wasser und Substrat 86

11 Versuche mit Docht und Matte 90

Kapillarität allgemein 90 · Kapillarität von Dochten 90 · Kapillarität von Substraten 91 · Kapillarität von Matten 92 · Wasserbedarf von Pflanzen 92

Weiterführende Literatur 93

Sachregister 94

1
Einführung

Mehr Freizeit und früher Ruhestand eröffnen zahlreiche Wege, einem Hobby nachzugehen, welches Freude bereitet und dem Leben einen tieferen Sinn gibt. Unter den vielen Möglichkeiten der schöpferischen Freizeitbeschäftigung hat der Umgang mit Pflanzen, deren Pflege und Kultur, einen hohen Stellenwert. Wenn dieses Hobby nicht nur auf die Sommermonate beschränkt wird, sondern auch im Winter Abwechslung und Freude vermittelt, und man trotz vieler Pflanzen sorglos in den Urlaub fahren kann, ist es besonders willkommen.
Den Hobbygärtnern geht es wie den Hundehaltern. Es sind nicht nur Freuden, sondern auch Pflichten damit verbunden, beim Hundehalter das »Gassigehen«, beim Hobbygärtner das Gießen. Viele Leute, die zwar Topfpflanzen mögen, aber ebenso gern ohne Vertretung in Urlaub fahren oder eine Zweitwohnung in landschaftlich schönen Gegenden haben, verzichten deshalb auf Topfpflanzen, Gewächshaus oder Wintergarten.
In diesem Buch werden u. a. Verfahren beschrieben, welche die Bewässerung von Topfpflanzen halb- oder vollautomatisch ermöglichen und für nahezu alle Pflanzen, einschließlich Orchideen, im Innen- und Außenbereich geeignet sind. Zu den Vorteilen

◄
Versenkregner werden unterirdisch an das Verlegrohr angeschlossen und beim Sprühen durch den Wasserdruck über die Bodenoberfläche ausgefahren (GARDENA)

gehören, soweit man auf die Vollautomatisierung verzichtet, die einfache Funktion und die geringen Materialkosten.
Es ist ein Irrtum, zu glauben, daß man Pflanzen in der Wachstums- und in der Ruhezeit, bei großer Wärme und tiefen Temperaturen gleich behandeln kann. Die notwendige Anpassung der Gießwassermenge an die Pflanzenentwicklung sowie die Umweltbedingungen schaffen kaum die teuren Automatikanlagen bei Erwerbsgärtnern, erst recht nicht die viel einfacheren Bewässerungseinrichtungen von Hobbygärtnern. Trotzdem kann man sich aber viel Arbeit abnehmen lassen und sorglos für einige Wochen auf Urlaub fahren oder sogar das Bewässerungssystem ganzjährig anwenden.
Das Buch nimmt dem Leser nicht die eigene Denkarbeit und Kenntnisse im Zusammenhang mit anderen Kulturmaßnahmen ab. Temperatur, Licht, Luftbewegung und -erneuerung, Erde, Dünger usw. sind andere wichtige Fundamente für eine erfolgreiche Pflanzenkultur.
Wer sich einen Überblick über die für seinen Zweck geeigneten Bewässerungsverfahren verschaffen möchte, sollte sich einmal Tabelle 3 ansehen. Sie wird auch den eiligen Leser sofort an die benötigten Informationen heranführen. Wem dann noch der eine oder andere Begriff aus der Bewässerungstechnik nicht so geläufig ist, wird im ersten Abschnitt von Kapitel 2 die nötigen Erläuterungen finden. Und schließlich wird die Bewässerungs-

technik für den Hobbygärtner zum Kinderspiel, wenn er sich an Hand der in Kapitel 11 beschriebenen einfachen »Versuche mit Docht und Matte« mit einigen physikalischen Vorgängen vertraut macht, die im Zusammenhang mit Wasser und Substrat stehen.
Wem die dort angegebenen Erklärungen der Versuchsergebnisse noch nicht genügen, wird sicher durch die zusätzlichen Erläuterungen in Kapitel 10 zufriedengestellt.
Übrigens, der Handel bietet viele Geräte und Hilfsmittel für die Bewässerung an, die wenigsten sind allerdings für einen dreiwöchigen Urlaub geeignet.
Die z. B. für Balkonpflanzen innerhalb von drei Wochen erforderliche Wassermenge kann nämlich ansehnliche Dimensionen annehmen! Bei einem Wasserverbrauch von 40 bis 100 ml pro Pflanze und Tag haben 6 m Blumenkästen (ca. 30 bis 40 Pflanzen) einen Bedarf von 1600 bis 4000 ml je Tag bzw. 34 bis 84 l während dieser drei Wochen! Zu einer urlaubssicheren Pflanzenbewässerung gehört also auch die richtige Wasserspeicherung und automatische Wasserzuführung.
Übrigens ist die Sicherheit jeder Anlage – auch die einer Bewässerung – von der Zuverlässigkeit der Komponenten, vom Zusammenbau und von der Wartung abhängig. Je mehr eine Anlage automatisiert ist, um so eher können Störungen auftreten. Mein Vorschlag: Erproben Sie Ihre Bewässerungsanlage nicht erst fünf Minuten vor Urlaubsbeginn, sondern lange genug vorher!

Wachstumsfaktoren

Zur erfolgreichen urlaubssicheren Pflanzenkultur gehören eine Reihe von Maßnahmen. Die folgenden beschriebene halb- oder vollautomatische Bewässerung bei gleichzeitiger Düngung ist nur ein kleiner Ausschnitt aus diesem Maßnahmen-Katalog.
Ebenso wichtig sind die richtige Substrat- oder Bodenbeschaffenheit (Bodenart, Kalkgehalt, pH-Wert, Luft- und Wassergehalt), die Lichtqualität, -intensität und -menge, (Sonnen- und Schattenpflanzen, Kurz- und Langtagpflanzen), der richtige Temperaturbereich (warm, temperiert, kalt) und eine ausreichende CO_2-Versorgung, bedarfsweise eine Luftumwälzung oder – hauptsächlich im Erwerbsgartenbau – eine CO_2-Begasung von Gewächshäusern.

Wieviel Wasser verbrauchen die Pflanzen?

Im Hinblick auf den Wasserverbrauch der Pflanzen sind große Unterschiede festzustellen. Man muß unterscheiden zwischen Gewächshauskultur und Kultur im Freien sowie offenem und geschlossenem Wasserkreislauf.

Tabelle 1: *Faktoren, die den Wasserverbrauch beeinflussen*

Wasserverbrauch	
höher	niedriger
kleine Töpfe	große Töpfe
Tontöpfe	Kunststoff-Töpfe
hohe Temperaturen	niedrige Temperaturen
Luftbewegung	Windstille
viel Licht	wenig Licht
viel Dünger	kein oder wenig Dünger
große Pflanzen	kleine Pflanzen
große, dünne Blätter ohne Behaarung oder auffällige Wachsschicht (Kutikula)	behaarte und dickfleischige Blätter
wachsende Pflanzen (Vegetationszeit)	ruhende Pflanzen (Winter)
Überpflanzenbewässerung	Wasserabgabe im Substratbereich
Gießen in der Mittagszeit	Gießen in den frühen Morgen- oder späten Abendstunden
Gießen bei geringer Luftfeuchtigkeit	Gießen bei hoher Luftfeuchtigkeit

Bei letzterem liegen die Verbrauchswerte niedriger, da neben der Verdunstung durch die Pflanzen (Transpiration), meist vergleichsweise wenig Wasser durch das Substrat (Evaporation) an die Umgebung verloren geht. Diese Werte bieten einen groben Anhalt auch für die Docht- und Mattenbewässerung im Zimmer oder Gewächshaus. Bei Kultur im Freien ist der Wasserverbrauch noch mehr als bei Zimmer- und Gewächshauspflanzen davon abhängig, ob die Werte in sonnenreichen, aber regenarmen oder umgekehrt, sonnenarmen, aber regenreichen Jahren ermittelt werden. Nicht zuletzt spielen auch die Pflanzenart und -größe sowie viele andere Faktoren (siehe Tabelle 1) eine wichtige Rolle.

Als Faustformel für den Wasserverbrauch gilt:
– 40–100 ml/Tag für Zimmerpflanzen,
– 0,4–1 l/Tag für Balkonkastenpflanzen (Kasten 60 cm lang),
– 300 l/Jahr für Kübelpflanzen,
– 10–35 l/m^2 und Woche für das Gemüsebeet.

Für einen trockenen Gartenboden wird durchschnittlich 1 Liter Wasser pro m^2 und cm Bodentiefe benötigt; auf leichtem Sandboden weniger und auf schwerem Lehmboden mehr. Bei Gemüse, das eine Bewässerungstiefe von ca. 20 cm erfordert, sind für 100 m^2 Gemüsegarten also ca. 2000 l Wasser je Bewässerungsphase erforderlich. Da schwere Böden das Wasser langsamer aufnehmen als leichte, muß die benötigte Wassermenge entsprechend langsamer zugeführt werden. Diese Zahlen zeigen auch, daß es keinen Sinn hat, den Boden nur oberflächlich mit Wasser zu benetzen. Ein durchdringendes Gießen ist erforderlich. Andernfalls verdunstet das Wasser, ohne die Pflanzenwurzeln erreicht zu haben.

Regen- oder Leitungswasser?

Für den Hobbygärtner gilt ebenso wie für den Berufsgärtner, daß Regenwasser meist nicht nur in der Qualität besser, sondern auch auf die Dauer gesehen billiger ist, selbst wenn der Aufwand zum Auffangen und Sammeln des Regenwassers groß ist. Schmutzstoffe im Regenwasser lassen sich herausfiltern. Empfohlen wird, nach einer längeren Regenpause das erste Regenwasser vom Dach ablaufen zu lassen und erst nach einiger Zeit den Regenwasserspeichern zuzuführen.

Leitungswasser mit großer Härte und hohem Salzgehalt wird von manchem Berufs- und Hobbygärtner mühsam und mit hohem Kostenaufwand über Ionen-Austauscher entsalzt. Außerdem ist das Chlor, das dem Leitungswasser manchmal zugesetzt wird, für die Pflanzen nicht zuträglich. Leitungswasser sollte vor seiner Verwendung erst eine Weile im Vorratsgefäß stehen, bis es die Umgebungstemperatur angenommen hat und ggf. das Chlor entwichen ist.

Die umweltfreundliche Bewässerung

Im folgenden wird der Einfachheit halber fast immer nur von »Bewässerung« gesprochen. In der Praxis wird man jedoch, wenigstens von Zeit zu Zeit die Bewässerung mit der Düngung, d. h. der Zufuhr von Nährstoffen kombinieren. Über die Zusammensetzung geeigneter Nährsalze für die Flüssigung gibt Tabelle 2 Auskunft.

In Vergangenheit und Gegenwart wurde und wird die Umwelt nicht nur durch Chemikalien im üblichen Sinne, sondern auch durch landwirtschaftliche und gärtnerische Kulturverfahren verunreinigt. Dazu gehört das übermäßige Düngen mit Gülle als auch das Überdüngen mit industriell hergestellten Düngern sowie die Behandlung mit Herbiziden (Unkrautvernichtungsmitteln) und Schädlingsbekämpfungsmitteln. Auch der Hobbygärtner kann einiges zum Umweltschutz beitragen und solche Bewässerungsverfahren bevorzugen, die als umweltfreundlich anzusehen sind.

Für den Hobbygärtner kommen deshalb vor allem solche Bewässerungsverfahren in Fra-

Tabelle 2: *Zusammensetzung einiger für die Flüssigdüngung geeigneter Dünger. Die angegebenen Leitwerte (gemessen in Mikro-Siemens [µS] bei 20°C) gelten für Nährlösungen, die in entsalztem Wasser angesetzt werden (siehe auch Abschnitt »Salzgehalt in Substrat und Wasser«). Die hier erwähnten Dünger enthalten alle für das Pflanzenwachstum nötigen Spurenelemente*

Dünger	Gehalte in %					Leitwert
	N	P	K	Mg	Ca	(µS/cm) für 0,1%ige Anwendungslösung
1. Flüssigdünger						
Complesal fluid	6	12	6	0,01	–	340
Kamasol blau	8	8	6	0,06	–	520
Wuxal normal	12	4	6	–	–	170
2. Wasserlösliche Nährsalze						
Flory 1 rot	20	5	10	2	–	3700
Hakaphos grün	20	5	10	2	–	1260
Plantaaktiv weiß	8	15	20	2	–	960
3. Hydrodünger						
Flory 9 Hydro-Basisdünger	2	11	39	4	–	1145
Plantaaktiv 25 K	15	5	25	2	–	1060
Wuxal super	8	8	6	–	–	510

Zeichenerklärung: N = Stickstoff, P = Phosphor, K = Kalium, Ca = Calcium, Mg = Magnesium

ge, die nur soviel Wasser bzw. Nährlösung von oben zuführen, wie zur einwandfreien Benässung aller Substratteilchen und der Nährstoffversorgung der Pflanzen erforderlich ist. Dazu gehören ganz besonders die im weiteren Verlauf ausführlich beschriebene Docht-Röhrchenbewässerung und die Ebbe-Flut-Dochtbewässerung. Die Tropfbewässerung ist dann hinzuzuzählen, wenn eine gleichmäßige Bewässerung durch genügend Tropfstellen gewährleistet und die zugeführte Wassermenge begrenzt ist, so daß kein Drainwasser (Sickerwasser, Überschußwasser) entsteht.

Für die gärtnerische Pflanzen-Anzucht in Töpfen ist besonders die Ebbe-Flut-Bewässerung geeignet. Das nach der vollständigen Benässung des Substrates aus den Pflanzgefäßen ablaufende Wasser wird im Recyclingverfahren, nach Kontrolle von Leitwert und pH-Wert sowie deren Korrektur wiederverwendet. Zu diesen Verfahren gehören die Anstaubewässerung, Fließrinnen und Fließmatten. Im Unterschied zu offenen Bewässerungssystemen, bei denen Überschußwasser mit Dünger im Boden versickert, sind folgende Vorteile bei geschlossenen Bewässerungssystemen zu nennen:
– keine Verunreinigung des Bodens und Grundwassers durch Dünger, insbesondere Nitrate, Pflanzenschutzmittel und andere Pflanzenbehandlungsmittel,
– Einsparung von bis über 40% Wasser und Dünger,
– Einsparung von Arbeitszeit für die Bewässerung,
– quantitative und qualitative Verbesserung der Pflanzenentwicklung.

Urlaubsbewässerung oder ganzjährige automatische Bewässerung?

Der Berufsgärtner bevorzugt ganzjährig arbeitende automatische Bewässerungssysteme, denn Automatisierung erspart Kosten und verbessert die Qualität der Pflanzen. Für den Hobbygärtner ist die Beantwortung der Frage von der Pflanzenanzahl und der für dieses Hobby zur Verfügung stehenden Zeit abhängig.

Hobby-Gewächshaus- oder Wintergartenbesitzer und Besitzer großer Gärten, Terrassen oder Balkone sollten die Automatisierung der Bewässerung für das gesamte Kulturjahr in Erwägung ziehen, während die Blumen auf der Fensterbank wenigstens während der Urlaubszeit automatisch bewässert werden sollten. Nicht jeder hat zuverlässige Familienmitglieder oder Nachbarn.

Bei der ganzjährigen Bewässerung sind der genügend große Wasservorrat, die Wasserqualität und das Wasserversorgungssystem von besonderer Bedeutung. Aber auch derjenige, der nur eine Urlaubsbewässerung wünscht, sollte sich Gedanken über die während seiner Abwesenheit erforderliche Wassermenge machen und diese speichern oder einen garantiert sicheren Wasserleitungsanschluß vorsehen.

Übrigens, die meisten Pflanzen vertragen während des Urlaubs eher ein etwas Zuviel an Wasser als ein Zuwenig!

Tabelle 3: *Bewässerungssysteme und Anwendungsbereiche*

Bewässerungssystem bzw. -gerät / Anwendungsbereich	Düsenrohr-Beregnungsanlagen	Kreis-, Impuls-, Viereck-, Sektorenregner Sprinkler	Sprühregner, Rotor-Sprühregner	Versenkregner	Einrohr-Tropfbewässerung	Schlauchtropfer	Drosselventiltropfer	durch Erdfeuchte gesteuerte Tropfer	Hydrokultur	Erd-/Blähtonkultur	Anstaubewässerung Fließrinnenbewässerung	Dochtbewässerung	Mattenbewässerung	Ebbe-Flut-Mattenbewässerung	Docht-Röhrchenbewässerung	Ebbe-Flut-Dochtbewässerung
Kapitel	4	4	4	4	5	5	5	5	6	6	6	7	7	7	7	7
	Beregnung				Tropfbewässerung				Kapillarbewässerung							
Innenbereich																
Fensterbank									X	X		X	X	X	X	
Blumenfenster					X	X			X	X		X	X	X	X	
Blumenwanne									X	X		X	X			
Gewächshaus			X						X	X	X	X	X	X		X
Außenbereich																
Balkon,Terrasse begehb. Dachgarten								X								
Ampelpflanzen					X	X	X			X		X	X	X		X
Kübelpflanzen					X	X	X			X					X	X
Rasenanlagen		X	X	X												
Gemüsebeete	X	X	X	X	X	X	X									
Sträucher					X	X	X	X								
Bäume					X	X	X	X								

Welches Bewässerungsverfahren ist geeignet?

Die Beantwortung dieser Frage hängt davon ab, ob Topfpflanzen auf dem Fensterbrett oder im Gewächshaus bewässert werden sollen, oder ob es darum geht, Balkonkästen oder Ampelpflanzen mit Wasser zu versorgen. Auch das Gemüsebeet, die Staudenrabatten und der Rasen warten auf Wasser. Alle diese Bereiche verlangen unterschiedliche und z. T. recht spezielle Antworten auf die Frage nach der geeigneten Bewässerungsmethode.

Um dem Leser einen raschen Überblick über die für ihn geeigneten Bewässerungssysteme zu ermöglichen, wurden alle in diesem Buch behandelten Bewässerungsverfahren und -geräte den entsprechenden Anwendungsbereichen in Tabelle 3 gegenübergestellt. Der Leser kann dieser Tabelle auch entnehmen, in welchem Kapitel er Einzelheiten über bestimmte Bewässerungssysteme erfährt.

Substrate für Langzeitbewässerung

Substrate können organisch, anorganisch oder ein Gemisch aus beiden sein. Zu den organischen Substraten gehören insbesondere Humusstoffe. In der normalen Topfpflanzenerde sind sie mit mineralischen Substanzen, wie z. B. Sand, Ton und Lehm gemischt, und mit Kleinstlebewesen, den Bodentieren, Bakterien und Pilzen durchsetzt. Die Mikroorganismen fördern die Zersetzung abgestorbener Pflanzenteile und damit die Freisetzung von Nährstoffen. Anorganische Substrate geben primär den Wurzeln Halt. Sie sind jedoch an der Nährstoffspeicherung und -abgabe nur zum Teil beteiligt (Tonminerale geben Nährstoffe ab, Sand kaum oder gar nicht). Zu den anorganischen Substanzen gehören auch die für die Hydrokultur verwendeten Substrate, wie z. B. Blähton, Tongranulat, Blähschiefer und Steinwolle, aber auch solche, die zur Belüftung und Auflockerung des Bodens oder der Erde dienen, wie z. B. Perlite, Styropor und Styromull (siehe Tab. 4).

Die Verfechter der Hydrokultur stellen als Vorteile der in diesem Bereich verwendeten anorganischen Substrate besonders heraus:
– locker, leicht, porös,
– große Kapillarität,
– strukturstabil, keine Zersetzung über lange Zeiträume
– kaum Sauerstoffmangel im Wurzelraum.

Zu den Hauptnachteilen dieser anorganischer Substrate gehören:
– Fehlen von Pufferwirkungen für Säuren und Basen,
– Gefahr der Substrat-Versalzung,
– Nährstoffversorgung erfolgt ausschließlich durch die dem Wasser beigefügten Nährstoffe und bedarf deshalb einer gründlichen Überwachung (nährstoffbeladene Ionenaustauscher sind weniger problematisch, dafür aber erheblich teurer als feste oder flüssige Nährstoffe).

Nur am Rande sei erwähnt, daß man im Erwerbsgartenbau bereits erfolgreich Gemüse gänzlich ohne Substrate erzeugt hat, dabei wird die Nährlösung ständig in Umlauf gehalten.

In zunehmendem Maße werden Mischungen aus organischen und anorganischen Substraten verwendet, wobei die anorganischen hauptsächlich die Durchlüftung verbessern und eine Übernässung, insbesondere im unteren Teil der Pflanzgefäße, verhindern. Besondere Eignung dafür haben geschlossenporige anorganische Substrate mit geringer Kapillarität, wie z. B. Styropor.

Auch bei den organischen Substraten gibt es solche höherer und geringerer Kapillarität, solche die sich langsamer und andere, die sich schneller zersetzen.

Für die Orchideenkultur werden häufig Rinden und Hölzer eingesetzt, von denen bekannt ist, daß sie eine antibakterielle und fungizide Wirkung haben, wie z. B. Korkrinde, Fichtenrinde und Merantiholz. Der Gärtner verwendet Substrate die Wasser-Speichervermögen besitzen, dazu zählt u. a. auch Torf. Bei herkömmlicher Bewässerung durch manuelles Gießen sind diese Wasserspeicher-Substrate im Topf für den Gärtner kostenspa-

Tabelle 4: *Substrate und Hilfsstoffe für die Anzucht und Weiterkultur von Pflanzen*

Torfsubstrate
Torf-O-Substrat: ungedüngt, für Aussaaten und zum Pikieren empfindlicher Pflanzen
Torf-P-Substrat: schwach gedüngt, zum Pikieren und für salzempfindliche Pflanzen
Torf-T-Substrat: kräftig aufgedüngt, für große und sehr nährstoffbedürftige Pflanzen

Torfkultursubstrate
TKS 1: Wenig zersetzter Hochmoortorf, angereichert mit allen Haupt- und Spurennährstoffen in niedriger Konzentration (1 bis 1,5 g Salz/l), besonders für Jungpflanzenanzucht
TKS 2: Wenig zersetzter Hochmoortorf, angereichert mit allen Haupt- und Spurennährstoffen in höherer Konzentration (2 bis 2,5 g Salz/l), besonders für die Weiterkultur

Einheitserden
Einheitserde O: ohne Düngerzusatz für Aussaaten, Stecklinge oder zum Pikieren
Einheitserde P: mit Düngerzusatz für salzempfindliche Pflanzen oder solche mit geringem Nährstoffanspruch
Einheitserde T: mit Düngerzusatz für Pflanzen mit hohem Nährstoffanspruch

Hydrokultur-Substrate
Blähton: expandierte, poröse Tonkügelchen (z. B. Lecaton, Lecadan, Blusana), enthält Nährstoffe; verschiedene Körnungen, großes Porenvolumen
Bimskies: vulkanisches Gestein mit großem Porenvolumen und großer Wasserkapazität
Blähschiefer: ähnliche Eigenschaften und Körnungen wie Blähton, seine Wasseraufnahmefähigkeit und Kappilarität sind aber schlechter
Steinwolle (z. B. Grodan): Mineralfaser aus einem basaltähnlichen Gestein, unter Zusatz von Kalkstein und Koks bei 1500°C erzeugt und in Form von Platten etc. im Handel; es ist zwischen wassersaugender und wasserabweisender Steinwolle zu unterscheiden; in der Praxis werden Granulat-Mischungen verwendet

Zuschlagstoffe
Kokosfasern: organischer, strukturstabiler Zuschlagstoff mit hohem Porenvolumen
Reisspelzen: organischer Zuschlagstoff mit hoher Luftkapazität
Styropor, Styromull: aufgeschäumtes Polystyrol mit geschlossenen Poren ohne Wasserhaltevermögen, in Form von Platten, Flocken oder Kugeln
Hygromull: synthetischer offenporiger Harzschaum, der Wasser aufnimmt und die Wiederbenetzbarkeit trockener Böden und Substrate verbessert

rend, denn er braucht seltener zu gießen als bei Substraten ohne Wasserspeichervermögen. Auch in Gärten ist es von Vorteil, wenn kein reiner Sandboden vorliegt, der schnell austrocknet, sondern Lehm, Ton und Humus eine gewisse Menge Wasser speichern, möglichst bis zum nächsten Regen.

Bei der automatischen Bewässerung können diese Wasserspeicher-Substanzen im Substrat von Nachteil sein. Ja, sie sind manchmal sogar schädlich, weil sie u. U. den Lufthaushalt im Wurzelbereich stören. Das trifft ganz besonders für dauerbewässerte Pflanzen im Freien zu. Andererseits entstehen beim Fehlen der Speichersubstanzen in sehr grobem Substrat mit vielen Hohlräumen Naß- und Trockenzonen im Wurzelraum.

Wer gute Erfolge bei der Dauerbewässerung haben will, sollte mit wasserspeicherndem Material im unteren Substratbereich, das die Luftversorgung der Wurzeln einschränkt, sparsam sein. Ob in Innenräumen oder im Freien: Eine gute Drainage der Töpfe mit Styropor, Tonscherben, Blähton oder ähnlichen Substanzen im unteren Teil des Topfes sowie eine Beimischung luftspeichernder Substratteile in der Erde, wie z. B. wasserabstoßendes Grodan 20 (Steinwolle), sind wichtige Voraussetzungen für gute Erfolge in der Pflanzenkultur. Man darf natürlich nicht vergessen, daß eine gute Gärtner- oder Einheitserde viele Nährstoffe und eine gute Pufferwirkung gegen fehlerhaftes Düngen besitzt, die bei manchen rein bzw. überwiegend anorganischen Substraten fehlen. Deshalb ist bei diesen eine größere Sorgfalt auf die richtige Düngerbeimengung sowie auf die Kontrolle von pH-Wert (Säure/Basengehalt) und Leitwert (Salzgehalt) zu legen.

Wer sich mit den optimalen Bedingungen eines Substrates auseinandersetzt, kann dies nur in Verbindung mit der Bewässerungsmethode machen. Alle herkömmlichen Kapillarbewässerungen von unten müssen mehr oder weniger auf Drainage oder Durchlüftung, besonders im unteren Substratbereich, verzichten. Gewisse Möglichkeiten gibt es durch Beimengung von Reisspelzen oder z.B. Perlite. Nur die Bewässerung von oben gestattet diese Optimalbelüftung. Andererseits sollte das Substrat im oberen Topfbereich eine gute Verteilung von Wasser und Nährlösung gewährleisten. Dafür sind Humus und andere wasserhaltende Stoffe, verwendbar. Bei Beregnung von oben werden diese Teilchen durch den Wasserdruck zum Teil in den unteren Topfbereich eingespült. Bei der »Docht-von-oben-Bewässerung« ist dieses Einspülen nicht zu befürchten.

Bei der Ebbe-Flut-Dochtbewässerung im Innenbereich kann auch herkömmliche Erde mit höherer Wasser-Speicherkapazität verwendet werden, da durch den Ebbe-Zustand den Wurzeln Luft zugeführt wird.

pH-Wert von Substrat und Wasser

Manche Pflanzen, wie z. B. Azaleen, Heide und allgemein »Moorbeetpflanzen« mögen lieber einen sauren Boden, andere Pflanzen wachsen besser auf neutralem oder alkalischem Substrat (siehe Tabelle 5). Der Säure- bzw. Basengehalt von Substrat oder Wasser wird durch den pH-Wert gekennzeichnet (siehe auch Kap. 10).

Der anzustrebende pH-Wert richtet sich aber bevorzugt nicht nach der Pflanzen-, sondern nach der Bodenart bzw. Zusammensetzung des Substrats (siehe Tabelle 5). Der Grund: In Böden und Substraten mit hohem Humusgehalt werden bei zu hohem pH-Wert Nährstoffe (vor allem Spurenelemente) festgelegt, während in Böden und Substraten mit hohem

Tabelle 5: *Zusammenhang zwischen der Bodenart bzw. der Substratzusammensetzung, dem pH-Wert und dem Vorkommen natürlicher Vegetation bzw. der Verwendung der Substrate für gärtnerische Kulturen*

pH-Wert	unter 4	4–4,5	4,6–5,5	5,6–6,5	6,6–7,5	7,6–8,5	über 8,5
Bezeichnung	sehr stark sauer	stark sauer	sauer	schwach sauer	neutral	schwach alkalisch	alkalisch
natürliches Vorkommen (Boden)	junges Moor	altes Moor	Heide-Sandboden	lehmige Sandböden	Lehm- und Lößböden	Kalkböden	Salzböden
Substrat Erden	Weißtorf	Schwarztorf Nadelerde	Nadelerde Lauberde	Lauberde Komposterde	Ton Lehm	Kalksand u.-schotter	–
geeignet für Pflanzen	z.B. Heide	z.B. Farne, Heide, blaue Hortensien	z.B. Rhododendron, Azaleen, Epiphyten	fast alle gärtnerischen Kulturen	viele gärtnerische Kulturen	Kalkpflanzen (Basiphyten)	Salzpflanzen (Halophyten)

Im Gemüsegarten kann die wassersparende Tropfbewässerung eingesetzt werden

Tongehalt bei zu niedrigem pH-Wert die Tonminerale zerfallen. Die Folgen: Nährstoffmangel in humusreichen und schädlichen Konzentrationen von einigen Metallionen (Aluminium, Mangan) sowie Strukturverschlechterung in tonreichen Böden und Substraten.

Der pH-Wert der Böden und Substrate wird durch Kalkgaben sowie durch Dünger mit basischer Wirkung erhöht und durch physiologisch sauer wirkende Dünger abgesenkt. Für die Anhebung des pH-Wertes um 1 benötigt man etwa 1,5 kg kohlensauren Kalk/m^3 Erde. Wieviel exakt benötigt wird, hängt von der Zusammensetzung des Substrates ab.

In Nährlösungen wird durch eine geeignete Kombination der Nährsalze sowie durch Zusatz von verdünnter Schwefelsäure bzw. Natronlauge der gewünschte pH-Wert eingestellt.

Einige Unkräuter wachsen und vermehren sich in Abhängigkeit vom pH-Wert des Bodens und sind daher Anzeiger für den Boden-pH. So ist z. B. das Auftreten von Sauerampfer, Kamille, Fingerkraut, Spörgel und Knauelgras ein Anzeichen für niedrigen pH-Wert, und Löwenzahn, Ackersenf, Erdrauch und Adonisröschen sind Anzeiger für hohe pH-Werte. Säureliebende Pflanzen wachsen bevorzugt auf leichten und Pflanzen, die höhere pH-Werte bevorzugen, auf schweren Böden. Der Hobbygärtner muß sich deshalb bei der Auswahl seiner Pflanzen nach den Bodenverhältnissen in seinem Garten richten und bei der Substratwahl darauf achten, daß die Pflanze den optimalen pH-Bereich vorfindet. Zum guten Kulturerfolg ist ein pH-Wert erforderlich, der den Ansprüchen der Kultur und der Zusammensetzung des Bodens bzw. des Substrates entspricht. Wer sich über Fragen der Düngung genauer informieren möchte, sollte das Buch von Mäkeler, »Fruchtbarer Gartenboden durch richtige Bodenpflege und Düngung« lesen, das ebenfalls in der Reihe »Pareys bunte Gartentips« erschienen ist.

Salzgehalt von Substrat und Wasser (Leitwert)

Der Salzgehalt von Erde oder Wasser verursacht die elektrische Leitfähigkeit des Mediums, die als Leitwert (siehe auch Kap. 10) mit einem elektronischen Meßgerät analog oder digital angezeigt wird. Während der Leitwert von Regenwasser je nach örtlicher Luftverschmutzung, Regenpause und Regendauer zwischen Null und ca. 200 µS (Mikrosiemens) liegt, wobei 0 das Fehlen jeglicher Salze anzeigt, können Erde und Gießwasser Werte bis einige Tausend Mikrosiemens er-

Tabelle 6: *Salzverträglichkeit von Kulturpflanzen*

Salzverträglichkeit der Pflanze	anzustrebende Werte in der Nährlösung			Beispiele	
	Salzgehalt mg/l	‰	Leitwert bei 25°C (µS/cm)	Zierpflanzen	Gemüse
sehr gering	unter 400	unter 0,4	unter 550	Bromelien Farne Orchideen	
gering	400–650	0,4–0,65	550–800	Glockenheide Gardenien Kamelien Anthurien Azaleen Primeln Jungpflanzen	Feldsalat Gurken Hülsenfrüchte Kartoffeln Kopfsalat Jungpflanzen
mittel	650–1000	0,65–1,0	800–1270	Alpenveilchen Begonien Gloxinien Rosen Usambaraveilchen Philodendron Gerbera Freesien Aphelandra	Karotten Rettiche Rote Bete Salate Zwiebeln
hoch	1000–2000	1,0–2,0	1270–2460	Pelargonien Chrysanthemen Edelnelken Weihnachtsstern	Kohl Kohlrabi Lauch Porree Rhabarber Sellerie Tomaten

reichen, was für manche Pflanzen auf die Dauer tödlich sein kann.
In Verbindung mit der Dauerbewässerung ist es wichtig zu wissen, daß auf jeden Fall bei geschlossenen Wasserkreisläufen, oder bei Wasserzufuhr in die Töpfe ohne Wasserablauf, der Salzgehalt des Düngewassers erheblich kleiner sein muß als bei Düngerlösungen die beim Gießen von oben, aus dem Topf unten auslaufen. Für Orchideen hat sich z. B. ein Leitwert von ca. 80 bis 200 µS als völlig ausreichend erwiesen. Andere schneller wachsende, insbesondere Einjahrespflanzen, erfordern einen höheren Leitwert (siehe Tabelle 6)
Ein hoher Leitwert sagt nichts über den Anteil an wachstumsnützlichen, wachstumsschädlichen und wachstumsneutralen Salzen aus. Erwerbsgärtner legen deshalb Wert darauf, daß das zu verwendende Wasser einen möglichst niedrigen Leitwert und damit wenig wachstumsschädliche oder wachstumsneutrale Salze enthält. Sie fügen dem Wasser bestimmte, für das Wachstum nützliche Stoffe (Dünger) bei, bis der optimale Leitwert erreicht ist. Pflanzen in Ruhephasen benötigen Wasser mit geringerem Leitwert im Vergleich mit solchen, die im Wachstum sind.

Schäden an Pflanzen – vorbeugen und bekämpfen

Im Handel sind systemische Schädlingsbekämpfungsmittel, welche über die Wurzeln der Pflanze aufgenommen und an die oberirdischen Pflanzenteile weitergeleitet werden. Es gibt Mittel gegen beißende und saugende Insekten, aber auch solche gegen Pilzkrankheiten. Von der Theorie her eine ideale Sache, um mit dem Wasser auch die Schädlingsbekämpfung vorzunehmen. Wer diesen Weg beschreitet, sollte allerdings vorsichtig sein. Einerseits empfehlen die Fachleute die Aufwandmenge für diesen Zweck auf ein Drittel bis ein Zehntel der auf den Verpackungen angegebenen Menge zu verringern, andererseits wird darauf hingewiesen, daß man Pflanzenschutzmittel möglichst nicht der Nährlösung zufügen sollte. Besser ist es, wenn der Hobbygärtner ganz ohne chemischen Pflanzenschutz auskommt.
Bewässerungsschalen oder Blumenkästen im Freien dienen mitunter als ideales Versteck und Nahrungsquelle für Schnecken aller Art. Wo Schnecken zahlreich auftreten, sollten besondere Maßnahmen getroffen werden, um diesen den Zugang zu den Gefäßen zu erschweren (z. B. Abstandshalter von der Erde). Auch »Bierfallen« können aufgestellt werden. Besser ist es, dem Igel oder der Erdkröte Unterschlupf im Garten zu gewähren. Beide sind eifrige Schneckenjäger.
Matten und Lochfolien bilden in Verbindung mit Substratresten, Dauerfeuchte und Wärme gute Voraussetzungen für die Vermehrung von Mikroorganismen, also von Pilzen, Bakterien und kleinsten Bodentieren, manche können eine schädliche Wirkung haben. Als vorbeugende Maßnahme sind Matten und Folien mehrmals jährlich zu reinigen, auszuwechseln oder mit entsprechenden, d. h. zur Desinfektion geeigneten Mitteln zu reinigen. Auch bei Dauernässe in sauerstoffarmen Substraten vermehren sich schädliche Mikroorganismen stärker als in Substraten, die periodisch abtrocknen.

2 Bewässerungsverfahren – Vor- und Nachteile

Die in der Natur vorkommenden Pflanzen haben sich im Laufe von Millionen Jahren den Umweltbedingungen angepaßt. Nur diejenigen haben überlebt, die auf ihrem Standort geeignete Bodenverhältnisse, ein ihnen zusagendes Klima und ausreichende Regenmengen bzw. Bodenfeuchtigkeit angetroffen bzw. sich an diese angepaßt haben. Einige wachsen zwischen kleinen Felsspalten, andere als Epiphyten auf Bäumen, z. T. mit geringsten Ansprüchen an Substrat und Nährsalze. Viele begnügen sich mit den in der Luft enthaltenen Nährstoffen (Bromelien wachsen z. B. auf Telefonmasten und -leitungen) oder können monatelange Trockenzeiten überstehen. Andere erhalten zeitweise nahezu keinen Dünger und, wenn ein Vogel das Bedürfnis hat, sich zu entleeren, eine Überdüngung, die jedoch beim nächsten Regen meist sehr schnell wieder abgespült wird.

Der Mensch versucht einige dieser Bedingungen im Garten oder auf der Fensterbank nachzuahmen, teils mit, teils ohne Erfolg. Abhängig von der Anordnung der Wasserabgabestelle an Pflanze bzw. Substrat wurden eine Reihe Bewässerungsverfahren mit unterschiedlichen Eigenschaften und Schwerpunkten entwickelt, die im folgenden vorgestellt werden. Einen Überblick über die erläuterten Verfahren erhält der Leser, wenn er sich die tabellarische Zusammenstellung der Bewässerungsverfahren ansieht (Tab. 7).

Zum besseren Verständnis der nachfolgenden Kapitel sollen aber zunächst einige Begriffe aus der Bewässerungstechnik erläutert werden.

Einige Begriffe aus der Bewässerungstechnik

- **Absperrventile** sperren je nach Schaltstellung einen Wasserdurchfluß oder geben diesen frei. Handbetätigte Absperrventile arbeiten vielfach als Kugelhähne. Bei Magnetventilen bewirkt ein Stromdurchfluß meist das Öffnen des Ventils. In stromlosem Zustand schließt eine Feder das Ventil.
- **Armaturen:** Sammelbegriff für Geräte, welche in Fluid-Leitungen (Leitungen für strömungsfähige Medien) Sperr-, Steuer- oder Regelfunktionen haben.
- **Dichtkegel:** Kegelförmiges Weichkunststoffteil, womit bei geringen Drücken Kunststoffschläuche oder -rohre wasserdicht z. B. an Behälter angeschlossen werden können.
- **Dichtstopfen:** Kegelförmiges Weichkunststoffteil, mit dessen Hilfe bei geringen Drücken Bohrungen in Behältern, z. B. Wasserbehälter, preisgünstig verschlossen werden können.

▶

Die Wasserversorgung von Topfpflanzen wird erleichtert, wenn die Übertöpfe als Wasservorratsbehälter dienen, aus denen die Pflanzen das benötigte Wasser über Dochte entziehen können

Tabelle 7: *Bewässerungsverfahren und ihre Nutzung*

Überpflanzen-bewässerung (Wasserabgabe oberhalb der Pflanze)	Unterpflanzen-bewässerung (Wasserabgabe oberhalb Substrat)	Wasserabgabe im oberen Substratbereich	Wasserabgabe im unteren Substratbereich
Beregnungsanlagen Sprühanlagen (siehe Kapitel 4)	Tropfbewässerung (siehe Kapitel 5)	Kombinierte Kapillar-Schwerkraftbewässerung (siehe Kapitel 7)	Kapillarbewässerung (siehe Kapitel 6 und 7)
⇩	⇩	⇩	⇩
Düsenrohr-Beregnungsanlagen bevorzugt für Beregnen großer Flächen in der Landwirtschaft	**Einrohr-Tropfbewässerung** bevorzugt für Gartenanlagen mit gleichmäßiger Pflanzenanordnung	**Docht-Röhrchenbewässerung** bevorzugt für Pflanzgefäße mit Drainage. Substrat geringer oder ungleichmäßiger Kapillarität	**Hydrokultur** bevorzugt für Innenraumpflanzen Grünpflanzen Pflanzen, deren Wurzeln Dauernässe bei Raumtemperaturen vertragen.
Kreisregner, Viereckregner, Sprinkler, Impuls-Kreis- und Sektorenregner bevorzugt für Gartenanlagen, deren Teile nacheinander bewässert werden oder deren optischer Anblick bei fester Installation nicht stört.	**Schlauchtropfer** bevorzugt für Gartenanlagen und Einzelgefäße mit unregelmäßiger Anordnung (auch Höhe)	**Ebbe-Flut-Dochtbewässerung** bevorzugt für hohe Pflanzgefäße, feinfühlige Feuchteregelung und schnelle Feuchteveränderung. Intervallbefeuchtung	**Erd-/Blähtonkultur** wie Hydrokultur jedoch vielseitiger anwendbar
			Ebbe-Flutbewässerung Anstaubewässerung Fließrinnenbewässerung bevorzugt für gärtnerische Anzucht
Sprühregner, Rotor-Sprühregner bevorzugt zur Erzeugung besonders feinen Regens, insbesondere in Gewächshäusern	**Drossel-Ventiltropfer** wie Schlauchtropfer, jedoch mit unterschiedlich einstellbarer oder fest eingestellter Wassermenge		**Dochtbewässerung** bevorzugt für Pflanzen, deren Wurzeln nicht ins Wasser wachsen dürfen. Pflanzgefäße bis ca. 20 cm Höhe
Versenkregner bevorzugt für Rasenanlagen und optisch mustergültige Blumenanlagen	**Durch Erdfeuchte gesteuerte Tropfer** bevorzugt für Einzel-Pflanzgefäße und Pflanzengruppen, die keine Dauerfeuchte vertragen		**Mattenbewässerung** bevorzugt für gemeinsame Wasserversorgung vieler Topfpflanzen auf gemeinsamer Stellfläche
Gießwagen, Impulsgießwagen bevorzugt für Gärtnereien mit großen Kulturflächen			**Ebbe-Flut-Mattenbewässerung** wie Mattenbewässerung, jedoch für feinfühlige Feuchteregelung und schnelle Feuchteveränderung

- **Druckeinheiten:** Die international festgelegte SI-Einheit ist das Pascal (Pa) = 1 N/m². In der Fluid-Technik (Pneumatik u. Hydraulik sowie bei Wasseranlagen) wird hauptsächlich mit bar gerechnet. 1 bar = 1000 mbar = 1,02 at = 100 000 Pa. Die Begriffe at, atm, atü und kp/cm² sind nicht mehr zulässig.
- **Druckschalter:** Elektrischer Schalter, welcher z. B. eine Pumpe bei Abfall des Druckes in der Druckleitung auf einen bestimmten Wert ein- und bei Erreichen des eingestellten Maximaldruckes selbsttätig abschaltet.
- **Druckspeicher** (Membrandruckbehälter): Behälter zur Verminderung der Schalthäufigkeit einer Pumpe, zur Verminderung von Druckstößen im System und zum Ausgleich von Leckverlusten bei geschlossenen Wassersystemen (z. B. Zentralheizung). Ein durch eine Membrane getrennter Teil des Behälters steht unter Luftdruck, der seinerseits die Schalthäufigkeit bestimmt.
- **Fittings:** Sammelbegriff für Metall- oder Kunststoffteile innerhalb von Rohrleitungsanlagen, wie z. B. Bogen, Winkel, T-Stücke, Muffen, welche je nach Werkstoff mit den Rohren verschraubt, verlötet oder verklebt werden.
- **Gewindedichtungen:** Falls keine Flachdichtungen verwendet werden können, kommt Hanf oder Teflonband zum Einsatz.
- **Gleichstrom:** Ein elektrischer Strom mit konstanter Spannung, z. B. einer Batterie, eines Akkus oder eines Transformators, dem ein Gleichrichter sowie ein Kondensator nachgeschaltet ist. Im Hobbygartenbereich ist 12 oder 24 V üblich.
- **Hauswasserwerke:** Die Pumpen saugen aus einem getrennten Behälter. Saugschlauch oder -rohr besitzen ein Rückschlagventil, welches ein unerwünschtes Entleeren der Saugleitung verhindert, sowie Druckschalter und Druckspeicher (siehe oben).
- **Hysterese:** Zeitliche Verzögerung (Trägheit) des Schaltvorganges (Öffnen, Schließen) zwischen der auslösenden Kraft und der Wirkung.
- **Manometer** dienen der Anzeige eines Druckes (Überdruckes oder Unterdruckes). Kontaktmanometer schließen oder öffnen bei Druck-Grenzwerten einen elektrischen Stromkreis.
- **Meßfühler:** Der Teil einer Meßeinrichtung, der die Meßwerte unmittelbar erfaßt und z. B. ein elektrisches Signal erzeugt, welches vom Meßgerät ausgewertet wird.
- **Rohrgewinde:** Für Wasserleitungen wird hauptsächlich Zollgewinde (Withworthgewinde) verwendet. Nach neuerer Norm wird zwischen konischen Gewinde (z. B. R 3/4) und zylindrischem Gewinde (z. B. G 1/2) unterschieden. Die Dimensionskennzeichen (″) entfallen. Geringere Bedeutung hat das metrische Feingewinde (z. B. M 10 × 1), wobei die erste Zahl dem Gewindeaußendurchmesser und die zweite Zahl die Steigung angibt.
- **Rohr- und Schlauchdurchmesser:** Für den Fachmann ist primär der Innendurchmesser maßgebend, um danach die Druckverluste bei einer bestimmten Leitungslänge zu ermitteln. Werden zwei Durchmesser unter Verwendung eines Schrägstückes angegeben, z. B. 8/10 mm, bezeichnet der erste Wert den Innendurchmesser und der zweite Wert den Außendurchmesser. Bei Rohren werden bevorzugt Außendurchmesser und Wandstärke angegeben, z. B. 16 × 1,2. Verzinkte Wasserrohre werden in Zoll lichte Weite (Innendurchmesser) angegeben (bei Bewässerungsanlagen 1/2″ und 3/4″).
- **Schaltuhren** arbeiten mit der Wechselstrom-Frequenz und sind besonders als Steckdosen-Schaltuhren für den Hobbybereich weit verbreitet. Es gibt Tages- und Wochenschaltuhren ohne und mit Spritzwasserschutz mit bis zu 96 Reitern und einer Einschaltzeit von 15 Minuten oder länger. Das zu schaltende Gerät wird mit seinem Anschlußstecker in die Steckdose der Schaltuhr gesteckt.
- **Schlauchanschlüsse:** Die früher bevorzugt eingesetzten Schlauchtüllen mit Gewinde-Überwurfmutter und Schlauchschellen werden im Hobby-Gartenbereich zunehmend durch Kunststoff-Schnellsteckverbindungen ersetzt.
- **Schlauchdurchmesser und max. Schlauchlänge** z. B. bei einem Regner mit einem Wasserverbrauch von ca. 800 bis 1000 l/h: 1/2″ Schlauch ca. 50 m, 3/4″ Schlauch ca. 250 m.

- **Schutzarten elektrischer Betriebsmittel:** Zum Schutz elektrischer Anlagen und Personen müssen elektrische Betriebsmittel durch Gehäuse, Abdeckungen und dgl. nach IEC 529 geschützt sein. Die Schutzart-Bezeichnung besteht aus den Buchstaben IP und zwei Kennziffern (z.B. IP 54 = Schutz gegen Berührung und Spritzwasser).
- **Schwimmerschalter:** Mit Hilfe dieser, z.B. in Wasserbehältern eingebauten Schalter, wird bei Erreichen eines bestimmten minimalen oder maximalen Niveaus ein elektrischer Schaltkreis geöffnet oder geschlossen.
- **Schwimmerventile** halten das Wasserniveau eines Behälters konstant, indem sie den Wasserzufluß nur so lange freigeben, bis das gewünschte Niveau erreicht ist. Daneben gibt es auch schwimmerlose Niveau-Steuergeräte (siehe Kap. 8, Niveau-Steuergeräte).
- **Stromkreis:** Weg des Stromes von der Stromquelle (z.B. Steckdose) über leitende Stoffe und Verbraucher zurück zur Stromquelle.
- **Tauchpumpen:** Die Pumpen werden in den zu entleerenden Behälter gestellt. Der elektrische Teil der Pumpe ist zuverlässig abgekapselt. Einige Tauchpumpen besitzen einen Schwimmerschalter, der Trockenlauf verhindert. Andere Pumpen schalten sich bei Erreichen des minimalen Behälter-Füllstandes selbsttätig ein und bei Erreichen des maximalen Füllstandes selbsttätig ab.
- **Tensiometer:** Feuchtefühler, welche die Substrat- oder Bodenfeuchte an einem Unterdruckmanometer anzeigen.
- **Tensiostat:** Feuchtefühler, welche die Substrat- oder Bodenfeuchte überwachen und bei Grenzwerten elektrische Schaltkontakte öffnen oder schließen und dadurch Bewässerungseinrichtungen ein- oder abschalten.
- **Transformator:** Trafos dienen der Erzeugung einer höheren oder niedrigeren elektrischen Ausgangsspannung im Vergleich zur Eingangsspannung.
- **Unterdruckschalter:** Druckschalter, mit dessen Hilfe ein Unterdruck (Saugdruck) zum Öffnen oder Schließen z.B. eines Stromkreises verwendet werden kann. Anwendung z.B. bei Tensiostaten.
- **Venturidüse:** Verengung in einer Leitung, so daß an dieser Stelle durch erhöhte Geschwindigkeit des durchfließenden Mediums (Luft oder Wasser) ein Saugdruck entsteht, der aus einer an dieser Stelle angeschlossenen Leitung z.B. ein Nährlösungskonzentrat ansaugt.
- **Wasserabschaltuhren:** Elektronische Zeitschalt-Ventile (siehe Kap. 3)
- **Wechselstrom und Frequenz:** Ein elektrischer Strom, der seine Polarität ständig sinusförmig wechselt. In Deutschland hat die der Steckdose entnommene Wechselspannung 220 V, bei einer Frequenz (Wechsel der Polarität) von 50 Hz.
- **Wegeventile:** Mit Hilfe von 2/2-Wegeventilen werden 2 Leitungen miteinander verbunden oder voneinander getrennt. 3/2-Wegeventile ermöglichen wahlweise eine von zwei Leitungen mit einer dritten Leitung zu verbinden. Da es eine Vielzahl anderer Wegeventile gibt, ist die Bezeichnung der Ventile genormt. Die erste Zahl bezeichnet die Anzahl der gesteuerten Anschlüsse, die zweite Zahl die Zahl der Schaltstellungen.
- **Zeitrelais:** Ein fernbetätigter Schalter mit einstellbarer Verzögerung für den Ein- oder/und Ausschaltvorgang. Im professionellen Bereich vielfach statt Schaltuhren verwendet.
- **Zeitschaltventil:** Kombination eines Wegeventils mit einer mechanischen, elektromechanischen oder elektronischen Schaltuhr, um z.B. einen Wasserdruck zeitabhängig zu sperren oder freizugeben.

Überpflanzenbewässerung

Zu dieser Gruppe gehören alle herkömmlichen manuellen Verfahren, wie das Gießen mit Gießkanne oder Schlauch, die halbautomatischen Verfahren, wie z.B. Viereckregner, Kreisregner, Sprühregner, Impuls-Kreisregner, Sektorenregner und Versenkregner sowie mobile Beregnungsanlagen in Form von Gießwagen und Impulsgießwagen. Zu den vollautomatischen Regnern gehören solche mit Zeit- oder Feuchtesteuerung.

Welches Bewässerungssystem geeignet ist, hängt von der Art und Zahl der Pflanzen ab, die während des Urlaubs oder sogar ganzjährig bewässert werden sollen

Hauptanwendungsgebiet ist die Beregnung von Rasen, Gemüsebeeten und Feldern mit einheitlicher Bepflanzung. Für Topfpflanzen sind die Anlagen nur beschränkt geeignet.

Vorteile:
– Ein vergleichsweise kostengünstiges Bewässerungsverfahren.
– Der Wartungsaufwand ist gering; Störungen (z. B. Verstopfungen) sind leicht zu erkennen und durch Auswechseln von Düsen schnell zu beheben.
– Die Anlage kann wahlweise fest- oder ortsveränderlich angeordnet werden.
– Salze werden von oben nach unten durchgespült und sammeln sich nicht oder nur wenig im oberen Erdbereich an.
– Die Bodenbenässung von oben nach unten ist aufgrund der Schwerkraft vergleichsweise gleichmäßig.

Nachteile:
– Der Wasserverbrauch ist groß.
– Ein gleichzeitiges Düngen ist nicht zu empfehlen.
– Wasser und Nährsalze können im Boden versickern und so Schadstoffe in das Grundwasser gelangen.
– Die vielfach ungleichmäßige Verteilung von Wasser und Nährsalzen entsteht insbesondere bei Kreisregnern, da sich die Kreise teils mehr und teils weniger überlappen (auch bei Viereckregnern und Sprühregnern).
– Das Verfahren ist nur bedingt für Topfkultur geeignet. Bei Sämlingen oder Neutrieben besteht die Gefahr, daß das in den Blattachseln bis zum Abend nicht abgetrocknete Wasser in Verbindung mit krankheitserregenden Bakterien und Pilzen zu Schäden führt. Die Qualität der Blüten kann beeinträchtigt werden.
– Gießwasser, das erheblich kälter als die Umgebungstemperatur ist, kann zu Wachstumsstörungen führen.

Unterpflanzenbewässerung

Im Gegensatz zur Überpflanzenbewässerung werden bei der Unterpflanzenbewässerung die Blätter der Pflanzen nicht naß, da das Bewässerungssystem unmittelbar über der Bodenoberfläche bzw. über dem Topfrand installiert wird und nur den Boden bzw. das Substrat befeuchtet. Zu dieser Bewässerungsmethode gehören alle Tropfbewässerungsverfahren.

Das Wasser tritt durch Schlitze in einem Tropfschlauch oder durch dünne Schläuche aus, die mit den Wasseraustrittsstellen am Tropfschlauch verbunden sind und in Blumentöpfe eingesteckt werden können.

Tropfbewässerungsanlagen sind sowohl für Topfpflanzen als auch für Balkon- und Kübelpflanzen geeignet. Der Schwerpunkt ihres Einsatzes dürfte allerdings im Freiland liegen.

Vorteile:
- Salze werden in gemäßigten Klimabereichen nach unten ausgespült und sammeln sich nicht oder wenig im oberen Erdbereich an.
- Es entsteht keine Fäulnisgefahr für Neutriebe oder Knollen- bzw. Zwiebelgewächse, da Wasser und Nährstoffe die oberirdischen Pflanzenteile nicht befeuchten.
- Die Wasser- bzw. Nährlösungsabgabe oberhalb des Wurzelbereichs der Pflanze erfolgt sparsam und gezielt.
- Die Verteilgenauigkeit ist gut, wenn genügend Tropfstellen vorgesehen sind.
- Die Umweltschädigung ist gering oder kann ausgeschlossen werden, da weniger oder keine Düngesalze in das Grundwasser gelangen.

Nachteile:
- Die Vielzahl der Schläuche ist nicht nur unschön sondern das Verlegen und Ändern der Bewässerungsstellen ist auch zeitaufwendig.
- Die Anschaffungskosten je Tropfstelle sind hoch.
- Der Aufwand vergrößert sich, wenn viele Tropfstellen je Pflanze notwendig sind.
- Durch die punktförmige Bewässerung hat das Wasser eine Vorzugs-Durchflußrichtung im Topf bzw. Pflanzstoff, bevorzugt in Kegel- oder Zwiebelform, d.h. es können Teile der Erde trockener bleiben.
- Die Ungleichmäßigkeit der Bewässerung vergrößert sich, wenn Pflanzen unterschiedlicher Gattung und Größe bei unterschiedlichen Umweltbedingungen (Sonne oder Schatten, warme oder kalte Luft, ruhende oder bewegte Luft, geringe oder hohe Luftfeuchtigkeit) von einer gemeinsamen Tropfbewässerung versorgt und von nur einem Feuchtefühler gesteuert werden.
- Die Tropfer sind z.T. erst ab einem Vordruck von 250 bis 300 mbar zuverlässig.
- Die Durchflußgeschwindigkeit ist unterschiedlich und nimmt bei einigen Systemen mit steigendem Druck zu.
- Es ist ein Wasser-Drucksystem (Wasserleitungsanschluß oder Pumpe) mit Druckregler und Feinfilter erforderlich. Hochbehälter mit preisgünstiger Dünger-Beimischung sind weniger geeignet, es sei denn, sie stehen sehr hoch.
- Der Dünger muß durch aufwendige Zusatzeinrichtungen beigemischt werden.
- Es besteht die Gefahr der schnellen Verstopfung von Tropfstellen aber auch von Filtern durch Kalk im Leitungswasser oder durch Algen und Bakterien, welche sich bei hohen Temperaturen schnell vermehren.
- Die in den Betriebsanleitungen geforderte häufige Reinigung kann aufwendig sein.

Wasserabgabe im oberen Substratbereich

Dazu gehören die vom Verfasser entwickelte Docht-Röhrchenbewässerung und die Ebbe-Flut-Dochtbewässerung. Sie werden bevorzugt bei Topfpflanzen, Ampelpflanzen, Kübelpflanzen und Balkonkästen angewendet.

Vorteile:
Wie bei der Wasser- bzw. Nährstoffabgabe oberhalb des Substrats angegeben, jedoch zusätzlich:
- flächenförmige bzw. lineare Wasserabgabe und damit gleichmäßigere Durchfeuchtung

des Substrats im Vergleich zur Tropfbewässerung,
- keine Übernässung im unteren Teil des Pflanzgefäßes im Vergleich zur üblichen Kapillarbewässerung,
- preisgünstig.

Nachteile:
- Die Pflanzgefäße müssen einzeln mit Docht und Röhrchen vorbereitet werden.
- Die Anlage ist bei unebenen Stellflächen kostenaufwendiger.

Wasserabgabe im unteren Substratbereich

Dazu gehören die Kapillarbewässerungen herkömmlicher Art, wie z. B. Hydrokultur, Ebbe-Flut-Bewässerungsverfahren als Anstau- oder Rinnenbewässerung, Mattenbewässerungen, Dochtbewässerungen und Docht-Matten-Bewässerungen.

Das besondere Merkmal dieser Bewässerungsmethode ist, daß Wasser bzw. Nährlösung durch die Kapillarität des Substrates bzw. der Dochte in den oberen Substratbereich steigt. Blätter und Blüten werden bei der Bewässerung nicht naß.

Dieses Verfahren wird bei Topf- und Balkonpflanzen, Kübel- und Ampelpflanzen sowie Epiphyten und in einem geringen Umfang auch zur Bewässerung von Bäumen und Sträuchern im Garten eingesetzt.

Vorteile:
- Die Pflanzgefäße bedürfen z. T. keiner Vorbereitung.
- Bei Hydrokultur sind die Pflanzstoffe unzersetzbar und ihre gute Durchlüftbarkeit bleibt erhalten.
- Bei Mattenbewässerung können die Topfpflanzen beliebig gestellt oder ausgetauscht werden.

Nachteile allgemein:
- Die Wurzeln stehen zeitweise im Wasser oder können dauerhaft ins Wasser bzw. in die Nährlösung wachsen (Ausnahme Docht-Mattenbewässerung). Dadurch kann zeitweilig Sauerstoffmangel auftreten, der, wie zu kaltes Wasser, Wurzelschäden hervorrufen kann.
- Das Substrat hat eine von unten nach oben abnehmende Feuchtigkeit, die bei hohen Pflanzgefäßen, schlechter Kapillarität des Substrates oder der Dochte, Sonneneinstrahlung oder großer Luftbewegung zu nicht ausreichender Feuchtigkeit im oberen Substratbereich führen kann. Problematisch ist das z. B., wenn Kübel zusätzlich mit Einjahres-Blütenpflanzen bepflanzt werden.

Spezielle Nachteile der Hydrokultur:
- Sie ist nur für eine beschränkte Zahl Pflanzen geeignet.
- Werden Pflanzen nicht bereits als Hydropflanzen gekauft, ist die Umstellung von Erd- auf Hydrokultur aufwendig.
- Es fehlt die Pufferwirkung für Säuren und Basen. Nährstoffe können nicht sorbiert werden.
- Die Kulturgefäße sind z. T. erheblich teurer als für normale Erdkultur.
- Durch die Verbindung von Wasser- und Pflanzgefäß ist ein Wechsel der Pflanzen bei gleichbleibendem Wassergefäß praktisch unmöglich (im Unterschied dazu ermöglichen viele andere Bewässerungssysteme einen Pflanzenwechsel bei gleichbleibendem Wasserversorgungssystem).
- Ins Wasser wachsende Wurzeln zeigen oftmals Beschädigungen, insbesondere durch kaltes oder überdüngtes Wasser.
- Die anorganischen Substrate versalzen leicht.
- Es handelt sich hierbei nur bedingt um eine Urlaubskultur, da der Wasserspiegel im Gefäß nur wenig (1 bis 2 cm) schwanken darf, es sei denn man verwendet platzaufwendige Drehbehälter oder Schwimmventile (letztere werden im Handel für die Hydrokultur kaum angeboten).

Spezielle Nachteile der Sand- oder Mattenbewässerung:
- Synthetikmatten haben im allgemeinen eine schlechte Kapillarität, sind nicht aus dem trockenen Zustand heraus selbstsaugend und müssen immer von oben befeuchtet werden, was den Aufwand vergrößert, mitunter die Stellfläche verkleinert und teilweise zu ungleichmäßiger Benässung führt.

Wer am Ziergarten das ganze Jahr über Freude haben will, muß in Trockenzeiten für eine ausreichende Bewässerung sorgen

- Tontöpfe leiten zwar die Feuchtigkeit über den porösen Ton gut weiter, veralgen und versalzen aber leicht.
- Kunststofftöpfe müssen einen völlig ebenen Boden mit großen Löchern haben.
- Eine einwandfreie Kapillarbewässerung erfolgt nur bei gutdurchwurzelten Pflanzen in Erde guter Kapillarität ohne Drainage im Topfboden.
- Töpfe mit Hohlböden, Drainage und schlechter Durchwurzelung bleiben trocken oder erhalten zu wenig Wasser und Nährstoffe.

3
Steuerung und Regelung der Bewässerung

Manuelle Steuerungen

Im Unterschied zum manuellen Gießen wird unter manueller Steuerung das Ein- und Ausschalten von Hand von Ventilen oder Stromkreisen zu Pumpen oder anderen elektrischen Geräten verstanden, die der Bewässerung dienen. Auf bekannte Einzellösungen soll an dieser Stelle nicht eingegangen werden. In den folgenden Kapiteln werden jedoch Steuerungen für den Hobbybereich, insbesondere für die Balkonkasten-Bewässerung und für Hobby-Gewächshäuser, erwähnt.

Automatische und halbautomatische Steuerung

Während bei der halbautomatischen Steuerung noch Teilbereiche des Bewässerungsvorgangs des manuellen Eingriffs bedürfen, werden bei der automatischen Steuerung vom Hobbygärtner nur noch Überwachungs- und Korrekturfunktionen ausgeübt. Im folgenden werden die Möglichkeiten für halbautomatische Bewässerungssteuerung vorgestellt.
• **Zeitabhängige Steuerungen:** Mit Hilfe von Zeituhren oder Zeitrelais lassen sich Bewässerungsvorgänge durch getrennte Einstellung von Einschalt- und Pausenzeit kostengünstig ausführen. Für den Hobbybereich sind z. B. Steckdosen-Schaltuhren mit 48 oder 96 Einstellzeiten pro Tag preisgünstige Lösungen.

Für den Erwerbsgartenbau kommen ausschließlich Schaltuhren oder Zeitrelais, die in Schaltschränken fest eingebaut sind, in Frage. Häufig sind Zeitschaltglieder mit Ventilen kombiniert. Wasserabschaltuhren schalten nach Ablauf einer vorgewählten Zeit den Wasserzulauf ab. Bei anderen zeitgesteuerten Ventilen wird nach Ablauf einer vorgewählten Pausenzeit das den Wasserdurchfluß absperrende Ventil für eine bestimmte Zeit geöffnet. Diese Zeitschalt-Ventile gibt es mit Batterie und mit Stromanschluß, wobei bevorzugt mit 12 oder 24 Volt gearbeitet wird. Der Netztrafo kann Bestandteil des Zeitschaltventils oder getrennt in einem Schaltkasten angeordnet sein. Der Ausdruck »Bewässerungscomputer« für ein Ventil, welches zeitabhängig schaltet, dürfte etwas hochgegriffen sein und möglicherweise Erwartungen wecken, die von diesem Gerät nicht erfüllt werden, denn Computer rechnen, kalkulieren oder werten aus.
• **Feuchteabhängige Steuerungen:** Zeitabhängige Steuerungen bedürfen der Korrektur in Abhängigkeit von Pflanzengattung und -größe sowie Umweltbedingungen (Temperatur, Luftfeuchte, Luftbewegung). Mit Hilfe feuchteabhängiger Steuerungen lassen sich diese Einflußfaktoren berücksichtigen.
Das Grundprinzip besteht darin, daß ein Feuchtfühler im Erdbereich dessen Feuchte überwacht und bei bestimmten Grenzbereichen einen Stromkreis zum Einschalten von Pumpen oder Magnetventilen öffnet oder

schließt, so daß dadurch der Bewässerungsvorgang eingeleitet bzw. beendet wird. Die Anwendung dieser Feuchtefühler ist heute im Erwerbsgartenbau weit verbreitet und nimmt auch im Hobbybereich, insbesondere für Gewächshauskulturen aber auch für Balkonkastenbewässerung zu. Da auch im Gewächshaus die Bedürfnisse der Pflanzen- und die Umweltbedingungen sehr unterschiedlich sein können, ist die Einteilung in Bewässerungszonen mit eigenen Pumpen oder Magnetventilen und zugehörigen Feuchte-

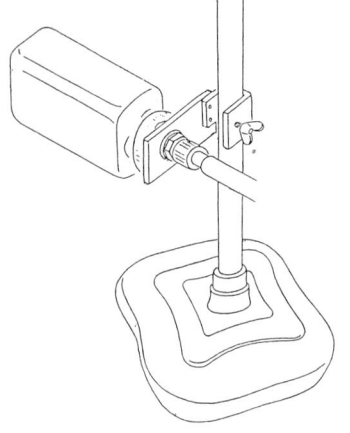

Höhenverstellbare Befestigung des Schwimmventil-Behälters an einer Sonnenschirmhalterung. Das Schwimmerventil steuert das Wasserniveau im Schwimmerventil-Behälter und damit auch die mit diesem verbundenen Bewässerungseinrichtungen

fühlern notwendig. Der positive Nebeneffekt dabei ist, daß kleinere Bewässerungsbereiche auch kleinere Pumpen, Leitungen und Ventile erfordern und ein Nacheinanderschalten der Bewässerungsbereiche im Hinblick auf die Belastung des elektrischen Netzes günstiger ist als bei Anlagen, die kurzzeitig eine hohe Strombelastung verursachen. Dieses Nacheinanderschalten läßt sich durch einfache uhrgesteuerte Abfrageeinrichtungen, die nacheinander die Stromkreise nur kurzzeitig mit Strom versorgen, preisgünstig lösen.

Die Erdfeuchte läßt sich mit Fühlern unterschiedlicher Bauart messen und durch dazugehörige Geräte anzeigen. Die gegenwärtig wahrscheinlich am meisten verwendeten Geräte sind Tensiometer bzw. Tensiostate, sowie Kombinationen aus beiden. Die Geräte basieren auf der physikalischen Eigenschaft von Erde, einen Unterdruck bzw. einen Saugdruck in Abhängigkeit von der Feuchte zu erzeugen. Dieser Unterdruck ist bei nasser Erde Null und wächst mit zunehmendem Abtrocknen. Tensiometer sind Meßgeräte, welche mit Hilfe eines Manometers diesen Unterdruck anzeigen. Sie bestehen aus einem wassergefüllten Tonkegel, welcher bei feuchter Erde fest in diese eingesteckt wird oder bei Matten-Tensiometern aus einer Tonplatte und einem luftdicht verbundenen Manometer, dessen Verbindungsrohr zum Tonkegel oder zur Tonplatte ebenfalls wassergefüllt ist.
Bei abtrocknender Erde versucht diese, dem nassen Tonkegel Feuchtigkeit zu entziehen. Dabei entsteht eine Saugwirkung auf die Wassersäule im Verbindungsrohr und auf die Manometer-Membrane, wodurch diese den Zeigerausschlag verursacht.
Tensiostate besitzen anstelle des Manometers einen Unterdruckschalter, der bei einem bestimmten oder einem vorwählbaren Unterdruck einen Schaltkontakt schließt und dadurch den Bewässerungsvorgang einleitet und, in Abhängigkeit von der Trägheit der Schaltung (Hysterese), bei einem anderen, tiefer liegenden Wert, den Schaltkontakt wieder öffnet. In der Praxis hat es sich als vorteilhaft erwiesen, beide Geräte miteinander zu kombinieren, d. h. Geräte zu verwenden, die sowohl den Unterdruck optisch anzeigen als auch den Schaltvorgang einleiten und beenden. Das geschieht durch Kontaktmanometer oder häufiger durch gemeinsame Anordnung von Manometer und Unterdruckschalter an einem durchsichtigen, mit dem Tonkegel verbundenen, wassergefüllten Plexiglasrohr. Der sichtbare Wasserstand im Rohr hat gleichzeitig eine Überprüfungsfunktion: Im wasserleeren Zustand liegt eine Anwendungsfehler vor.
Abgetrocknete Erde hat eine Saugspannung (Saugdruck) von ca. 200 mbar (Millibar); nasse Erde von ca. 20 mbar. Im Mittel liegt die

optimale Erdfeuchte, abhängig von Pflanzenart und Topfgröße, zwischen 60 und 120 mbar. Nur am Rande sei vermerkt, daß der angezeigte Saugdruck etwas höher als der tatsächlich vorhandene Saugdruck liegt. Für die Praxis hat das wenig Bedeutung, da für jede Kultur eigene Erfahrungswerte gesammelt werden müssen.

Wird das Tensiometer mit einem Unterdruckschalter versehen, kann mit dessen Hilfe bei Unterschreiten der Erdfeuchte die Wasserzufuhr ein- bzw. bei Erreichen der Erdfeuchte die Wasserversorgung abgeschaltet werden. Diese Wasser-Steuerung durch

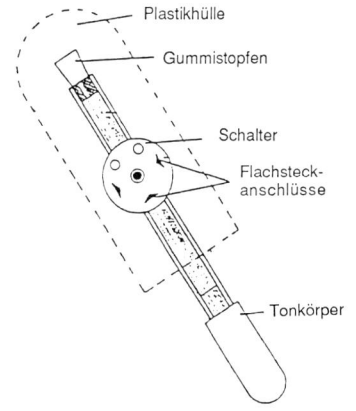

Feuchtefühler (Tensiostat) zum Ein- oder Ausschalten der Wasserzufuhr über Pumpe oder Magnetventil durch Überwachung der von der Substratfeuchte abhängigen Saugspannung (BTF Bewässerungstechnik)

einen Tensiostat läßt sich praktisch bei allen Bewässerungsverfahren anwenden. Von großer Bedeutung ist der richtige Standort der Feuchtefühler. Er darf nicht zu weit von der Tropfstelle oder den wasserabgebenden Dochten entfernt sein. Auch die Einstecktiefe ist von Bedeutung. In der Praxis helfen wahrscheinlich nur Versuche, um den günstigsten Standort und den optimalen Schaltpunkt zu ermitteln.
Ein Nachteil dieser Geräte ist die Versalzung der Tonkegel in Abhängigkeit von den in Wasser und Erde enthaltenen Salzen und die dadurch erforderliche öftere Reinigung. Bei Anwendung im Freien, z.B. zur Balkonkastenbewässerung, müssen diese Geräte vor Winteranbruch gereinigt und frostfrei aufbewahrt werden. Das Tonkegel-Meßfühler-Prinzip ist nicht für sehr lufthaltige Substrate geeignet, da die großen Hohlräume keinen Unterdruck entstehen lassen.
Andere Feuchte-Meß- und Schaltverfahren arbeiten mit Fühlern, die sich bei Feuchte ausdehnen (Quellkörper). Der Gardena Quellkörper-Feuchtefühler ermöglicht in Kombination mit der Gardena Schaltuhr (Computer) das zeit- und feuchtekombinierte Ein- und Ausschalten der Bewässerung. Feuchtefühler, die eine bei Feuchte verändernde Kondensator-Kapazität oder die Leitfähigkeit messen sind ebenfalls in Erprobung.

• **Strahlungs- und wärmeabhängige Steuerungen.** Es gibt enge Verbindungen zwischen der Sonneneinstrahlung, der eine Pflanze ausgesetzt ist und der von der Pflanze benötigten Wassermenge. Deshalb wird auch die strahlungsabhängige Steuerung zur Automatisierung herangezogen.
Der Autor experimentiert mit wärmeabhängigen Fensteröffnern für Gewächshäuser, in Verbindung mit Schwimmerventilen. Bei Wärme wird durch Anheben des Schwimmerventil-Behälters die Docht-Saughöhe verringert und die Wasserabgabemenge der Dochte erhöht, bei Kälte wird durch Absenken des Schwimmerventil-Behälters die abgegebene Wassermenge verringert.

• **Gewichtsabhängige Steuerungen:** Das Gewicht eines Einzeltopfes ist u.a. vom Feuchtigkeitsgrad der Erde abhängig. Während der erfahrene Hobbygärtner bereits beim Anheben eines Topfes feststellen kann, ob ein Topf zu wenig oder zuviel bewässert wurde, arbeitet der Erwerbsgartenbau z.B. mit Pflanzenwaagen, die bei Absinken auf ein vorbestimmtes Minimalgewicht eines Vergleichstopfes einen Bewässerungsvorgang auslösen.

Regelung der Bewässerung

Im Unterschied zur Steuerung eines Arbeitsablaufes wird bei der Regelung die von den Signal-Eingabegliedern eingeleitete Arbeit auch überwacht. Im Zusammenhang mit der Bewässerung wird überprüft, ob die Bewässerung den Soll-Zustand erreicht hat und den Pflanzen die richtige Wasser- und Nährstoffmenge zugeführt wurde. Das Ergebnis dieser Kontrolle wird als Korrekturfaktor in das Regelgerät eingegeben, so daß also eine manuelle Korrektur der eingegebenen Werte bzw. ein manuelles Abschalten des Bewässerungsvorganges entfällt.

Computergesteuerte Bewässerung und Düngung

Im Erwerbsgartenbau werden in zunehmendem Maße Computer eingesetzt, welche mit Hilfe der von den Meßfühlern eingegebenen Signale über den Zustand der Erde unter Berücksichtigung der Pflanzenart und der Umweltbedingungen den Bewässerungsvorgang rechnergesteuert über Magnetventile in der Wasserzuleitung einleiten bzw. beenden und gleichzeitig dem Wasser die erforderliche Düngermenge beifügen. Vielfach erfolgt eine zusätzliche Auswertung über Bildschirm und Drucker. Dabei spielt es eine untergeordnete Rolle, ob die Wasser-Zuführung durch Tropfschläuche, Matten oder ein anderes Bewässerungssystem erfolgt. Wichtig ist lediglich, daß die verschiedenen Parameter eingegeben werden können und daß eine möglichst große Regelgeschwindigkeit vorhanden ist. Diese

Zeitgesteuertes Magnetventil (mit Batteriebetrieb) für maximal 6 Bewässerungsimpulse pro Tag (GARDENA)

im allgemeinen teuren und komplizierten Einrichtungen werden für den Hobbygärtner nur selten in Frage kommen.

4 Beregnungsanlagen

Grundlagen

Unter dem Sammelbegriff »Beregnungsanlagen« sind in diesem Abschnitt alle Formen der Überpflanzenbewässerung zusammengefaßt, unabhängig von der Tropfengröße. Bei zunehmender Feinheit der Tröpfchen spricht man im allgemeinen von »Versprühen« und schließlich bei noch größerer Feinheit der Tropfen von »Vernebeln«. Die Tropfengröße ist vom Leitungsdruck und von der Größe sowie Ausführung der Tropfenaustrittstelle abhängig.
Je feiner die gewünschte Tröpfchengröße sein soll, ein um so höherer Druck ist vorzusehen. Andere Möglichkeiten die Tröpfchengröße bis hin zum Nebel zu verkleinern, bestehen in einer besonderen Düsenform (Düse-Prallplatte und Zentrifugalprinzip) und in der Kombination mit Druckluft. Dabei werden mit Hilfe der Druckluft die Tröpfchen gegen ihre ursprüngliche Zusammenhangskraft zerrissen, so daß sich diese längere Zeit in Schwebe halten und ein Nebel entsteht. Diese Bewässerungsform wird hauptsächlich zur Bewässerung einiger tropischer Pflanzen des Regenwaldes verwendet, die bei uns in Gewächshäusern vielfach ohne oder mit wenig Substrat an Rindenstücke aufgebunden sind.
Im Unterschied zur Tropfbewässerung wird beim Beregnen in vergleichsweise kurzer Zeit eine große Wassermenge auf eine mehr oder weniger große Fläche möglichst gleichmäßig verteilt – mit allen sich daraus ergebenden Vor- und Nachteilen (siehe Kapitel 2, Abschnitt Überpflanzenbewässerung).

Düsenrohr-Beregnungsanlagen

Düsenrohr-Beregnungsanlagen zählen zu den im Erwerbsgartenbau am häufigsten verwendeten Bewässerungssystemen. Sie bestehen meist aus einem PVC-, Stahl- oder Alu-Rohr von 25 mm Durchmesser, in welchem im Abstand von 1 bis 1,5 m Kunststoffdüsen eingeschraubt sind. In Abhängigkeit von der Düsenbohrung werden bei einem Wasserdruck von 2,5 bis 4,5 bar 2 bis 8 l Wasser/min versprüht. Bei Überpflanzenbewässerung werden bei einem Rohrabstand von 2,5 bis 4 m je Düse 3,5 bis 6 m^2 mit Wasser versorgt. Bei Anordnung der Rohre auf dem Boden wird je Pflanzbreite von ca. 1,2 m ein mittig verlegtes Rohr vorgesehen. Breitere Flächen benötigen 2 Rohre am Beetrand mit Halbkreisdüsen, dabei versorgt jede Düse eine Fläche von ca. 0,4 bis 1,2 m^2.

Sprüh- und Versenkregner

Sprüh- und Versenkregner werden bevorzugt im Hobbygarten eingesetzt. Nach Planungsskizze, auf der sämtliche zu bewässernden Beete oder Einzelpflanzen sowie die erforderlichen Regner und deren Bewässerungsbereich eingezeichnet sind, werden PVC-Rohre oder Gewebeschläuche, 13 mm oder größer, mit Klebe- oder Schraubfittings einschließlich Regner oberirdisch verlegt. Ergibt die Probebewässerung zufriedenstellende Ergebnisse, erfolgt die Verlegung im Boden in ca. 30 cm tiefen Kanälen. Um eine einwandfreie Entleerung im Herbst zu ermöglichen, sind die Rohre mit einem leichten Gefälle zu verlegen und an den tiefsten Stellen Ablaßventile vorzusehen. Besonders bei dünnen Rohren oder Schläuchen und geringen Drücken sind Lufteinschlüsse zu verhindern. Gegebenenfalls sind an den höchsten Stellen Entlüftungsventile vorzusehen. Größere Anlagen sind in mehrere kleinere voneinander trennbare und einzel steuerbare Beregnungsgruppen aufzuteilen.

Der Turbinen-Sprühregner arbeitet schon bei geringem Wasserdruck; die Sprühweite läßt sich einstellen (WOLF-*Geräte*)

Zum Versprühen im Freien dienen fest in der Erde installierte oder ortsveränderliche Viereck- oder Kreisregner mit unterschiedlichen Sprühbereichen. Sie sind so anzuordnen, daß sich die Sprühbereiche leicht überschneiden. Zum Beregnen langer, schmaler Flächen dienen Schlauchregner mit einer Vielzahl von Feinstlöchern. Sprühregner besprühen, je nach Ausführung, eine Fläche von 360° oder einen Teilbereich von 90°, 180° oder 270°.

Viereckregner sind besonders für die Bewässerung schmaler und langer Rasenstücke gut geeignet (WOLF-*Geräte*)

Düsen mit einer feinen Bohrung verstopfen leicht, deshalb arbeiten viele Düsen kombiniert mit einer Prallplatte, welche den Wasserstrahl aus einer relativ großen Bohrung beim Aufprall in viele Kleinsttropfen zerlegt. Andere Düsen arbeiten mit einem Dralleinsatz, welcher den Wasserstrahl durch Zentrifugalkraft in Einzeltröpfchen zerlegt.
Bei Rotor-Sprühregnern trifft der Wasserstrahl auf einen Kunststoffrotor, welcher durch den Wasserstrahl eine hohe Rotationsgeschwindigkeit annimmt und dabei ebenfalls eine Vielzahl von Feinsttropfen erzeugt, die ▶

Bei diesem Impulsregner lassen sich neben der Wasserwurfweite auch verschiedene Beregnungssektoren bis hin zum Vollkreis einstellen (WOLF-*Geräte*)

durch Zentrifugalkraft weggeschleudert werden.

Mikroregner (Sprinkler, Rotor-Sprühregner) arbeiten bevorzugt bei Drücken ab 0,5 bis 1,5 bar, deshalb werden sie meist, ähnlich den Tropfschläuchen, lediglich in die vorgebohrten Löcher flexibler Schläuche oder halbharter Rohre eingesteckt.

Je feiner eine Düsenbohrung ist, um so höher muß der erforderliche Wasserdruck sein. Deshalb sollten kleine Rohrdurchmesser wegen des hohen Druckabfalls möglichst vermieden werden.

Versenkregner sind innerhalb der zu besprühenden Fläche nahezu unsichtbar. Getriebe-Versenksprühregner werden durch den Wasserdruck automatisch aus ihrer Ruhestellung in die Sprühstellung oberhalb der Erde gebracht.

Bei Sprühanlagen in Gewächshäusern sollte ein Nachtropfen der Düsen verhindert werden. Das geschieht bevorzugt durch nach oben gerichtete Anordnung der Düsen sowie durch Verwendung von 3/2-Wege-Magnetventilen, die das Restwasser in der Leitung bei Sprühende sofort in einen Wasserbehälter abfließen lassen.

Anwendung im Hobbybereich

Wegen ihres vergleichsweise geringen Kosten- und Wartungsaufwands zählen Beregnungsanlagen bei Hobbygärtnern zu den beliebtesten und am häufigsten angewendeten Bewässerungsverfahren für Gärten. Auch aus entwicklungsgeschichtlicher Sicht stellen Beregnungsanlagen die erste Stufe der automatischen Bewässerung dar. Die Gießkanne wurde durch den Gartenschlauch mit Spritzmundstück und im weiteren Entwicklungsverlauf durch die zunächst manuell ein- und ausgeschaltete und später durch die mit Hilfe von Zeitschaltgeräten oder Feuchtesteuerungen vollautomatische Beregnungsanlagen abgelöst. Der Fachhandel bietet eine Vielzahl von Hilfsmitteln für die teil- und vollautomatische Beregnung an. Auch hier bestimmen die Gartengröße, Kosten und der erforderliche Zeitaufwand für das Beregnen den Automatisierungsgrad. Während sich der Kleingartenbesitzer vielfach die Arbeit macht, bei fehlendem Regen Schläuche täglich erneut zu verlegen und am Regner mit wechselndem Standort anzuschließen, ist die höherautomatisierte Garten-Beregnungsanlage durch im Boden festverlegte Leitungen und fest installierte und oftmals nahezu unsichtbare Regner, insbesondere Versenkregner gekennzeichnet.

In Kapitel 2 wurden bereits die Vor- und Nachteile der Überpflanzenbewässerung beschrieben. Einige der aufgezählten Nachteile lassen sich mühelos durch richtiges Verlegen der Bewässerungsanlage und durch den richtigen Zeitpunkt der Bewässerung mindern. Dazu zählt ganz besonders das Beregnen mit temperiertem Wasser aus einem künstlich angelegten Wasserbecken, welches durch aufgefangenes Regen-, Brunnen- oder Leitungswasser ständig ergänzt wird, und mit Hilfe eines Hauswasserwerks (Pumpe mit Druckschalter und Druckspeicher) der Beregnungsanlage zugeführt wird.

Steht nur Leitungswasser zur Verfügung, so sind die Morgenstunden mit ihren kühleren Temperaturen erheblich vorteilhafter als das Beregnen am Nachmittag bei hohen Umgebungs- und damit Blatttemperaturen. Die kombinierte Zeit-/Feuchtesteuerung ist in diesem Falle günstiger als die reine Feuchtesteuerung. Gewarnt werden muß ebenfalls vor einer ständigen hochprozentigen Düngerbeigabe. Im allgemeinen ist es günstiger von Zeit zu Zeit eine Düngung des Bodens vorzunehmen und mit ungedüngtem Wasser zu beregnen. Wasserbecken, denen Dünger beigefügt wurde, müssen unbedingt lichtdicht abgeschlossen sein, da sich sonst Algen und Mikroorganismen stark vermehren.

5
Tropfbewässerung

Grundlagen

Ein Tropfen entsteht, wenn in einer Leitung mit einer sehr kleinen Wasser-Austrittsöffnung, an der Bohrung oder Düse ein vergleichsweise geringer Wasserdruck vorhanden ist. Erst wenn der Wasserdruck in der Leitung einen bestimmten Grenzwert überschreitet, tritt der Tropfen aus, vorübergehend sinkt der Leitungsdruck, bis erneut der Grenzdruck erreicht ist und der nächste Tropfen austritt. Druck, Öffnungsweite und Tropfenzahl bzw. abgegebene Wassermenge stehen also in einem bestimmten Verhältnis zueinander. Verändern sich Druck oder Düsenquerschnitt, z. B. durch Kalkablagerung, verändert sich automatisch die abgegebene Wassermenge. Auch die Adhäsionskraft des Wassers spielt dabei eine Rolle: Entspanntes Wasser hat ein anderes Verhalten als Normalwasser.

Jede Rohr- oder Schlauchleitung erzeugt, abhängig von Querschnitt und Länge, einen Druckabfall, der um so größer ist je kleiner der Leitungsquerschnitt, je rauher die Innenfläche und je länger die Leitung ist. Am Leitungsanfang (Pumpe, Absperrventil oder Druckregler) ist ein höherer Druck vorhanden als am Leitungsende, deshalb würde ein Rohr oder Schlauch mit gleichgroßen Bohrungen am Leitungsanfang eine viel größere Wassermenge abgeben als am Leitungsende.

Der Druckabfall in einem Schlauch ist, wegen der vom Druck ausgeführten Verformungsarbeit, größer als in einer starren Rohrleitung.

Absperrventile, Bögen, Winkel und Drosseln vergrößern zusätzlich die Druckverluste. Ein anderes Problem stellt die gleichmäßig Bewässerung trockener, insbesondere torfhaltiger Erde dar. Eine gleichmäßige Tropfbewässerung völlig trockener Erde ist fast unmöglich. Erst bei einer Restfeuchte $\geq 15\%$ und von Zeit zu Zeit veränderter Anordnung der Tropfstellen sowie durch eine größere Tropfstellenzahl ist eine einigermaßen gleichmäßige und schnelle Befeuchtung möglich. Die Hersteller von Tropfbewässerungsanlagen mußten sich also einiges einfallen lassen, um eine gleichmäßige, kontrollierte Wasserabgabe zu erzielen.

Ein anderes, nicht nur bei der Tropfbewässerung zu beachtendes Problem, ist die Gefahr von Lufteinschlüssen innerhalb von Leitungen mit kleinerem Querschnitt und geringen Wasserdrücken, was zur Folge hat, daß der Wassertransport verhindert wird. Erst bei einem Druck über ca. 0,8 bar werden Lufteinschlüsse über die Wasser-Austrittsstelle ausgeschieden.

Alle Tropfbewässerungsanlagen erfordern einen Filter, der ein Verstopfen der Anlage sicher verhindert. Kalkabscheidungen in der Anlage müssen von Zeit zu Zeit durch Spülen mit 49prozentiger Salpetersäure, 1:1000 verdünnt, werden. Die Lösung sollte über Nacht in der Anlage stehen bleiben.

Bei Verwendung von Regenwasser können

Eine gute Wasserversorgung der Gemüsepflanzen ist die Voraussetzung für hohe Erträge

sich bei hohen Temperaturen Algen und Bakterien stark vermehren. Es wird deshalb vorgeschlagen, bei den ersten Anzeichen bakterieller Verstopfungen dem Wasser 1,4 g/l Calciumhypochlorid zuzusetzen. Dabei darf vorübergehend kein Dünger in der Leitung stehen, da sonst unerwünschte chemische Verbindungen entstehen können.

Einrohr-Tropfbewässerung (selbsttropfende Rohre)

Tropfbewässerungsanlagen dieser Gruppe arbeiten mit Spezialrohren oder -schläuchen, welche meist in festgelegten Abständen Wasseraustrittsöffnungen besitzen. Sie werden sowohl im Freiland als auch in Gewächshäusern auf dem Boden oder im Boden verlegt. Zu ihnen zählen die im folgenden beschriebenen Tropfbewässerungssysteme:

• **Mikrokanalschläuche** (z.B. Agro Drip) haben einen Tropfabstand von 30 cm. Sie sind primär für den Erwerbsgartenbau und für die Landwirtschaft vorgesehen. Die Wasserverteilung wird durch Mikrokanäle verbessert. Der Hersteller gibt bei einseitigem Wasseranschluß eine ausreichend große Tropfgenauigkeit bis zu 100 m Schlauchlänge an. Die Wasserabgabemenge beträgt dabei je Tropfstelle etwa 2,7 l/h.

• **Lippenschläuche** (z.B. TTS) mit 14 mm Durchmesser besitzen im Abstand von ca. 30 bzw. 60 cm 4 mm^2 große Wasseraustrittsöffnungen, die im Innern durch eine Lippe überdeckt sind. Bei geringem Druck (bis 0,4 bar) hebt sich der Ventillappen von der Dichtkante ab, dabei werden Verunreinigungen herausgespült, bei größerem Innendruck wird der Ventillappen gegen die Dichtkante gedrückt. Die Schläuche sind für einen Betriebsdruck von 0,8 bis 2,5 bar vorgesehen. Bei 2 bar beträgt die Wasserabgabemenge je Öffnung ca. 1,5 l/h.

• **POLYDRIP-Tropfschläuche** sind aus wärme- und korrosionsbeständiger, 0,25 mm dicker Polyäthylenfolie hergestellt und besitzen einen Randstreifen mit eingeprägtem Druckreduzierungslabyrinth. Das Wasser gelangt

Die Einrohr-Tropfbewässerungsschläuche besitzen in festgelegten Abständen Austrittsöffnungen für das Wasser. Die Bewässerung von Gemüse-, Kübel- und Topfpflanzen erfolgt gezielt und wassersparend (POLYFLEX)

durch in regelmäßigen Abständen angeordnete Verbindungsschlitze in diese Labyrinthabschnitte und von dort tropfenweise ins Freie. Die Verbindungsschlitze wirken als Filter, so daß nach Herstellungsangaben ein Verstopfen auch bei qualitativ schlechtem Wasser verhindert wird. Der Betriebsdruckbereich liegt zwischen 0,3 und 1,3 bar. Die Wasserabgabemenge ist vom Druck abhängig. Die Schläuche lassen sich durch T-Stücke beliebig verzweigen.
Weitere Folienschlauch-Tropfsysteme sind z. B. TTS, Bi-Wall und T-Tape.

• **Tropfnadel-Schläuche** (z. B. Ondiseve) sind Spezial-Gummischläuche ohne Wasseraustrittsöffnungen. Die Tropfnadeln werden längs einer markierten Linie in beliebigem Abstand in den Schlauch eingestochen und geben, abhängig vom Druck und der Einstellung, durch eine Gewindekappe auf der Nadel 0,5 bis 5 l Wasser je Tropfstelle und Stunde ab. Mit Hilfe eines Druckreglers wird ein mittlerer Druck von 1 bar eingestellt.

Ein anderer Hersteller liefert Tropfrohre, welche im Abstand von 33 cm Tropfelemente besitzen und bei einem Querschnitt von 1,8 mm^2 sowie einem Betriebsdruck von 1 bis 1,5 bar ca. 8 bis 10 l Wasser je Stunde und Meter abgeben. Mit Hilfe von T-Stücken, Rohrverbindern, Endstopfen und Reglerkupplungen kann ein verzweigtes Wasserverteilungsnetz projektiert werden.

Schlauchtropfer

Diese Tropfer sind besonders für Einzeltöpfe und zur Bewässerung von Pflanzen geeignet, die sich nicht in Reihe anordnen lassen.
Beim Einzelschlauch-Tropfbewässerungssystem werden halbharte Zentralrohre aus Polyäthylen verwendet, in welche nach Vorbohren mit einem Dorn oder einer Lochzange für jede Tropfstelle ein oder mehrere Tropfschläuche mit 0,7 bis 1 mm Innendurchmesser eingesteckt werden. Im Zentralrohr wird mit Hilfe eines Druckregelventils ein Druck von 0,1 bis 0,3 bar erzeugt. Die Tropfschläuche selbst erzeugen längenabhängig einen weiteren Druckabbau. Alle Tropfschläuche müssen gleichlang sein. Der Arbeitsaufwand verringert sich bei Verwendung von Bündeldüsen. Bei diesem System sind bis zu 20 Tropfschläuche in einem Düsenverteiler mit Gewinde R 3/8 vereinigt.
Das PVC-Zentralrohr mit 32 mm Durchmesser enthält im Abstand von 1 m bis 1,8 m entsprechende Gewindebohrungen. Beim Einschalten der Anlage ist zunächst ein Druck von ca. 1 bis 1,5 bar vorzusehen, damit die Luft aus allen Tropfschläuchen entfernt wird, erst dann wird ein Druck von ca. 0,2 bis 0,8 bar eingestellt. Der höhere Druck verhindert Lufteinschlüsse, bewirkt jedoch z. T. eine zu große Wasserabgabemenge.

Ventiltropfer, einstellbar

Im Unterschied zum einfachen Schlauchtropfer kann bei einigen Ventiltropfern die Wasserabgabemenge je Tropfstelle an der Tropfstelle durch Verändern des Auslaßquerschnittes verändert werden. Die Tropfschläuche selbst haben einen größeren Durchmesser und sind deshalb weniger verschmutzungsempfindlich, auch die Gefahr von Lufteinschlüssen verringert sich.

Durch einstellbare Tropfer wird das Wasser gezielt und dosiert an die Pflanze gebracht

Die einfachste Form der Austritts-Querschnittveränderung ist die Verwendung eines Rillenstabes, der an beiden Enden unterschiedlich tiefe Rillen besitzt und bei Einstecken bis zur Rillenmitte den Wasseraustritt völlig absperrt. (AGRO-Technik). Andere Hersteller verwenden besondere Regel-Düsen, welche in das Schlauchende gesteckt werden und durch Drehung eine Veränderung des Düsenquerschnittes bewirken.
Der Druck im Zentralrohr kann bei diesen Systemen bis ca. 1,5 bar betragen. Die je Tropfstelle abgegebene Wassermenge liegt zwischen ca. 8 und 25 cm^3/min.

Drosselventiltropfer, nicht einstellbar

Eine weitere Gruppe Ventiltropfer arbeiten mit Ventilen, welche den vergleichsweise hohen Druck im Zentralrohr durch kleine Kanäle, Turbulenzen und kleine Austrittsöffnungen reduzieren (z.B. RAIN-DRIP). Die Tropfer des HB-Systems geben bei einem Wasserdruck von 0,5 bis 5 bar, unabhängig von Leitungslänge und Höhenunterschied, in der Stunde ca. 3 l Wasser ab. Die Tropfer können in beliebigen Abständen in 16 mm PE-Rohre eingesteckt werden.
Druckkompensierte Tropfer für eine konstante Wasserabgabemenge von 2 und 4 l/h enthält auch das Gardena Micro-Drip-Tropfsystem.

Durch Erdfeuchte gesteuerte Tropfer

Im Unterschied zu den meisten Tröpfchenbewässerungsanlagen, welche die Bewässerung zeitgesteuert einleiten oder beenden, arbeiten die folgenden Systeme mit einer feuchteabhängigen Steuerung:
• Der Blumat-Kegel arbeitet mit einem Kegel aus gebranntem Ton auf dem luftdicht eine Kunststoffkappe mit dünnem Anschlußschlauch befestigt ist.
Das System dient zur automatischen Bewässerung einzelner Pflanzen in Blumentöpfen und basiert auf dem von trockener Erde erzeugten Saugdruck. Voraussetzung für die Funktion ist, daß der Tonkegel mit Anschlußschlauch bei der Erstbenutzung völlig luftblasenfrei wassergetränkt ist und in diesem Zustand in die feuchte Erde des zu bewässernden Topfes gesteckt wird, während das Ende des Anschlußschlauches in den Wasservorratsbehälter ragt. Mit zunehmendem Abtrocknen der Erde im Topf entsteht ein Saugdruck, welcher aus den Poren des Kegels Wasser entzieht. Die Saugwirkung wird auf die Wassersäule im Schlauch und das Wasser im Wassergefäß übertragen, so daß automatisch Wasser nach-

geliefert wird. Sollte einmal das rechtzeitige Nachfüllen des Wassers vergessen werden, ist der Tonkegel mit Anschlußschlauch erneut mit Wasser zu befüllen.
• Den gleichen Anwendungszweck und eine ähnliche Funktion hat die automatische Bewässerung Beta 8. Der Wasservorratsbehälter muß höher stehen als die zu bewässernde Pflanze. Das Bewässerungs- und Regelgerät

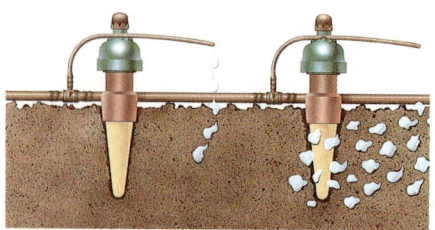

Automatische Bewässerung in Abhängigkeit von der Bodenfeuchte durch den Tropf-Blumat; bei feuchtem Boden wird der Tropfschlauch über Tonkegel und Membrandose abgesperrt (HASSFURT UND WENNINGER)

besteht aus einem Quellholz, welches sich, abhängig vom Feuchtezustand, ausdehnt oder zusammenzieht und dadurch den Zufluß vom Wasservorratsbehälter zum Pflanzgefäß freigibt oder absperrt. Auch bei diesem System muß vor Inbetriebnahme der Regler mit Tropfschlauch eine längere Zeit im Wasser liegen, so daß der Quellkörper die Wasserzufuhr durch den wassergefüllten Schlauch absperrt. Der Regler wird entweder mit seiner geraden Einsteckspitze von oben in den Wurzelballen gesteckt oder mit der umgebogenen Kunststoff-Einsteckspitze unter das Pflanzgefäß geschoben.

Zur Wasser-Versorgung mehrerer Töpfe werden diese in eine mit Sand- oder Torf gefüllte Schale gesteckt, wobei der Regler die Feuchte des Sandes oder des Torfes überwacht und das verlängerte Schlauchende als Tropfer wirkt.

Bei den Systemen Beta 12 und 15 für bis zu 50 Tropfstellen bewirkt das Feuchteregelgerät mit dem Quellholz mit Hilfe eines zusätzlichen Ventils in der Versorgungsleitung dessen Absperr- oder Schließfunktion.

Das Quellholz zersetzt sich im Laufe der Zeit und sollte bevorzugt jedes Jahr gegen ein neues ausgewechselt werden.
• Der Tropf-Blumat besitzt einen in die Erde des Pflanzgefäßes eingesteckten und vor der Benutzung wassergefüllten Tonkegel, der bei abtrocknender Erde eine Saugspannung (Unterdruck) erzeugt und mit diesem über eine Membrane und ein Quetschventil den Öffnungsquerschnitt eines Tropfschlauches und damit die abgegebene Wassermenge vergrößert. Alle an einer Hauptleitung hängenden Tropf-Blumate arbeiten unabhängig voneinander. Der max. zulässige Wasserdruck von 1 bar wird bei Anschluß an die Wasserleitung von einem Druckregler erzeugt. Ein Hochbehälter muß je 5 m Schlauchlänge mindestens 0,5 m höher angeordnet werden als die zu benässende Erde, bei 10 m Schlauch also mindestens 1 m. Die gewünschte Feuchtigkeit ist mittels Einstellschraube stufenlos einstellbar.
• Das Tröpfchen-Bewässerungssystem »Perodrip automatic« arbeitet mit einem Tensiostat als Bodenfeuchtefühler in Verbindung mit einem Bodenfeuchteregler und einem Magnetventil in der Zuleitung. Bei zu geringer Bodenfeuchte wird das Magnetventil für eine vorgewählte Zeit zwischen Null und 20 Minuten geöffnet. Hat der Tensioschalter nach einer Ruhezeit von 30 Minuten nicht rückgeschaltet, d. h. ausreichende Feuchtigkeit gemeldet, wiederholt sich der Bewässerungsvorgang.

Bedarfsweise kann zusätzlich am geöffneten Wasserhahn ein »Perrot Waterstop« vorgesehen werden, der den Wasserdurchgang jeweils nur für eine vorgewählte Zeit freigibt.

Anwendung im Hobbybereich

Vom Prinzip her lassen sich alle Tropfbewässerungsverfahren auch im Hobbybereich einsetzen. Man sollte allerdings den Schwerpunkt ihrer Verwendung dort sehen, wo die in Kapitel 2 (Abschnitt Unterpflanzenbewässerung) angegebenen Nachteile vergleichsweise unbedeutend sind oder wo andere Bewässe-

Blumenkästen können mit Kunststoffplatten oder Fliesen verkleidet werden

rungsverfahren keine Vorteile erbringen. Das dürfte ganz besonders bei Einzelpflanzenbewässerungen der Fall sein, bei denen die Docht- oder Mattenbewässerung ungeeignet oder weniger geeignet ist, insbesondere bei Sträuchern und Bäumen oder bei Pflanzen, die auf unebenen Boden oder in Hanglage stehen. Wegen des hohen Installations- und/bzw. Wartungsaufwandes wird die Anwendung bedenklich bei Pflanzen, die im Sommer im Freien und im Winter im Gewächshaus stehen sowie bei Verwendung sehr harten Leitungswassers, das zu Verstopfungen dünner Tropfschläuche oder Tropfstellen führt.

6
Kapillarbewässerung

Grundlagen

Kapillarbewässerungssysteme nutzen die Kapillarität von Substraten und Hilfsmitteln, wie z. B. Dochten und Matten (siehe auch Kap. 7, Docht- und Mattenbewässerung), um aus einem tiefer liegenden Wasservorrat, entgegengesetzt zur Schwerkraft, Wasser zu fördern. Sie ahmen damit den natürlichen Wasseraufstieg im Boden nach, mit dem Unterschied, daß der Boden einen natürlichen, hauptsächlich durch Regen ergänzten Wasservorrat besitzt, während bei der künstlichen Kapillarbewässerung dieser Wasservorrat vom Hobbygärtner zyklisch oder kontinuierlich ergänzt werden muß. Weitere Erläuterungen zur Kapillarität findet der Leser in den Kapiteln 7 und 11.

Hydrokultur für Topfpflanzen

Die wohl bekannteste Kapillarbewässerung ist die Hydrokultur. Wasser- und Pflanzgefäß bilden normalerweise eine Einheit. Das anorganische Substrat, wie z. B. Blähton, Blähschiefer, aufgeschäumtes Tongranulat oder vulkanisches Gestein geben den Pflanzenwurzeln Halt und fördern durch Kapillarität Wasser und Nährstoffe auch in den oberen Wurzelbereich. Der Wasservorrat sollte im Mittel 1 bis 3 cm Höhe haben. Bei zu niedrigem Wasserstand besteht die Gefahr einer zu geringen Substratfeuchtigkeit, bei zu hohem Wasserstand können die ins Wasser wachsenden Wurzeln Schaden nehmen.
Nach der gültigen Sprachregelung wird zwischen »Hydrokultur« und »Dauerbewässerung« unterschieden, wobei man davon ausgeht, daß bei Dauerbewässerung stets Substrate verwendet werden, welche organische Bestandteile enthalten, die bei ihrer Zersetzung Nährstoffe freisetzen, die den Pflanzen zur Verfügung stehen.
Nach Meinung des Verfassers ist diese Abgrenzung fragwürdig, denn auch eine Pflanze in anorganischem Substrat kann ohne weiteres von oben bewässert werden (siehe Kapitel 7 Docht- und Mattenbewässerung) und auch Steinwollekulturen basieren auf anorganischen Substraten, ohne daß man sie in der Vergangenheit zu den Hydrokulturen zählte.
Substrate können anorganisch, organisch oder ein Gemisch aus beiden sein. Die Nährlösung kann wahlweise im Eintauchverfahren oder durch ein zusätzliches Transportmedium (Docht) dem Substrat – zugeführt werden und schließlich können die Nährstoffe aus Salzen, Flüssigdünger, nährstoffbeladenen Ionen-Austauschern oder/und aus dem Substrat selbst bezogen werden. Jedes ist mit jedem kombinierbar.
Inzwischen gibt es Abwandlungen der Hydrokultur in der Weise, daß die Pflanze selbst in Erde steht, diese jedoch von einem anorganischen Substrat umgeben ist oder oberhalb

Die automatische Bewässerung der Pflanzen in einem Blumenfenster erspart nicht nur viel Zeit, sondern verbessert häufig auch die Wachstumsbedingungen

von diesem steht (z. B. Grolit, Leni, Leca, Grodan, Seramis).

Zwischen Tongranulat bzw. Steinwolle und Erde wird z. T. ein Vlies verwendet, welches eine bessere Trennung von Erde und Tongranulat bewirkt.

Der Wasserspiegel muß im oberen Teil des Tongranulates noch genügende Lufträume belassen.

Die Vor- und Nachteile der Hydrokultur werden in Kap. 2, im Abschnitt Wasserabgabe im unteren Substratbereich behandelt.

Herkömmliche Ebbe-Flut-Bewässerung für Topfpflanzen

Im Unterschied zur kontinuierlichen Wasserversorgung ist die Ebbe-Flut-Bewässerung eine zyklische Bewässerung, die einen Wechsel zwischen starker Benässung (Fluten) und Abtrocknen des Substrats (Ebbe) bewirkt. Zwei Varianten dieser Bewässerungsmethode sollen hier vorgestellt werden, die Anstaubewässerung und die Fließrinnenbewässerung. Letztere kann auch zur Dauerbewässerung benutzt werden.

- **Anstaubewässerung:** Bei der Ebbe-Flut-Anstaubewässerung werden meist Tische mit Kunststoffwannen ausgestattet und die darein gestellten Töpfe für eine Dauer von 10 bis 15 Minuten 1 bis 3 cm geflutet. Während dieser Zeit leitet das Substrat (hauptsächlich auf Torfbasis) Wasser und Nährstoffe auch in den oberen Topfbereich. Durch das anschließende Öffnen der Ventile fließt das Restwasser nach Filterung in den Vorratsbehälter zurück, wo es aufbereitet und nach der entsprechenden Pausenzeit erneut zugeführt wird.
- **Fließrinnen-Bewässerung:** Bei diesem Bewässerungssystem werden Fließrinnen aus Leichtmetall oder Kunststoff mit einem Längs- oder Quergefälle von ca. 0,25 bis 1% verlegt. Der Bewässerungsvorgang kann kontinuierlich oder zyklisch erfolgen. Während des Flutens fließt die Nährlösung als drei bis fünf Millimeter dicker Film durch die Rinne über ein Filter in den Auffangbehälter. Wie bei der Anstaubewässerung transportiert das Substrat der in den Rinnen stehenden Töpfe das Wasser oder die Nährlösung durch Kapillarität auch in die obere Substratschicht. Zur Verbesserung der Wasserverteilung innerhalb der Rinnen werden z. T. Matten eingelegt. Im Unterschied zur Anstaubewässerung, die nur einen schlechten Luft- und Wärmeaustausch zwischen der Nährlösung und der die Pflanzen umgebenden Luft gestattet, ist bei der Fließrinnen-Bewässerung dieser Luft- und Wärmeaustausch aufgrund der relativ schmalen Rinnen und der Abstände zwischen den Rinnen gewährleistet. Gleichzeitig sinkt durch den vergleichsweise dünneren Wasserfilm die Gefahr von Wurzelschäden durch zu langes Fluten bei gleichzeitigem Luftmangel im unteren Topfbereich. Als Nachteil ergeben sich dabei allerdings Probleme bei wechselnden Pflanzenzahlen.

Hydrokultur mit Steinwolle (Grodan)

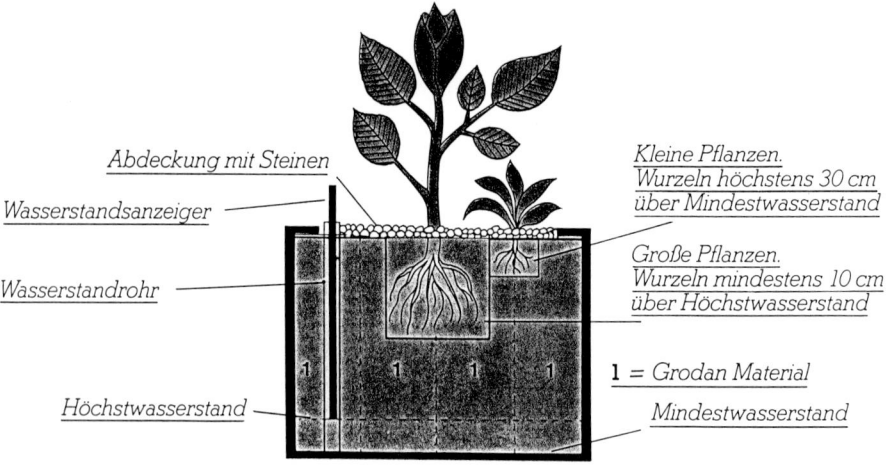

7 Docht- und Mattenbewässerung

Grundlagen

Die Dochtbewässerung gehört zu den Kapillarbewässerungsverfahren (siehe Kap. 6). Schon unsere Großmütter verstanden es mit Hilfe von Wollfäden, die in ein Wassergefäß ragten und mit dem anderen Ende auf die Töpfe gelegt wurden, ihre Pflanzen, wenn auch meist nur für kurze Zeit, zu bewässern. Das Grundprinzip ist geblieben, nur die Materialien, aber auch die Docht-Anordnung haben sich geändert.

Ein Docht kann aus parallelliegenden oder in sich verdrehten oder geflochtenen Fasern, Fäden, Garnen oder aus Geweben bestehen. Das wichtigste an einem Docht ist neben einer langen Lebensdauer eine große Kapillarität, d. h. die Fähigkeit, Wasser oder Nährlösung entgegengesetzt zur Schwerkraft zu transportieren. Es gibt Dochte, die erst naß gemacht werden müssen, bevor sie diese Kapillarität erhalten und andere, die bereits aus dem trockenen Zustand heraus sich selbst befeuchten und eine zunehmend größere Wassermenge transportieren. Die geförderte Wassermenge ist von der Zahl und Größe der Haarröhrchen bzw. Abstände der Fasern zueinander und von der Saughöhe abhängig und in der Höhe im Mittel auf ca. 20 bis 30 cm begrenzt. Mit zunehmender Höhe nimmt die geförderte Wassermenge durch die entgegengesetzt wirkende Schwerkraft ab, bis sie schließlich nahe Null ist.

Ein dicker Docht oder ein Dochtbündel fördert mehr Wasser als ein dünner Docht, aber auch bei diesen liegt die Aufstiegsgrenze bei ca. 20 bis 30 cm. Eine besonders große Kapillarität besitzen Dochte aus gezwirnten, geflochtenen oder gestrickten Glasfasern mit einer Dicke von nur 8 bis 11μm. Kunststoff-Dochte erhalten ihre Kapillarität z. T. erst durch das Weben oder Flechten und sind meist teurer als Glasfaserdochte. Die kleinen Zwischenräume dienen dabei als Zwischen-Wasserspeicher. Tier- und Baumwolle hat meist eine sehr gute Kapillarität, ist aber wegen ihrer Fäulnis bei Dauerfeuchte ungeeignet.

Tontöpfe oder Tonkegel und Dochte sowie Matten haben in Verbindung mit ihrer Kapillarität eine besonders geschätzte Eigenschaft, nämlich die eines gewissen Feuchte-Regelverhaltens. Bei der Tropfbewässerung wird über Tonkegel und Schlauchverbindung aus dem Wasserbehälter das Wasser durch Unterdruck angesaugt (siehe Kap. 5, Abschnitt »Durch Erdfeuchte gesteuerte Tropfer«); Docht und Matte saugen ebenfalls feuchtigkeitsabhängig durch Kapillarität Wasser nach. Im nahezu trockenen Zustand nehmen Tonkegel, Dochte und Matten in kurzer Zeit viel Feuchtigkeit auf, je feuchter sie werden, um so weniger Wasser wird weitertransportiert. Auf unsere Pflanzenbewässerung übertragen heißt das: Die von den Wurzeln aus dem Substrat entnommene Wassermenge (ggf. einschließlich Nährstoffen) wird von den Dochten und Matten nachgeliefert, vorausgesetzt, daß diese Kontakt mit Wasser bzw. Nährlösung haben.

Einschränkend muß allerdings gesagt werden, daß ein bestimmter Docht nur für einen bestimmten Feuchtigkeitsbereich die richtige Erdfeuchtigkeit liefert. Bei gleichbleibenden Umweltbedingungen (Temperatur, Luftfeuchtigkeit, Luftbewegung) ist der Docht deshalb der Pflanzenart und -größe anzupassen. Verändern sich die Umweltbedingungen (Sommer-, Winter-Betrieb) ist der Docht nicht in der Lage, den extrem unterschiedlichen Wasserbedarf zwischen hoher Verdunstung bei geringer Luftfeuchte und geringer Verdunstung bei hoher Luftfeuchte auszugleichen. Eine der Problemlösungen besteht darin, die Dochtmenge für Mittelwerte (Frühling und Herbst) auszulegen, wobei im Sommer zusätzlich gesprüht oder gegossen wird, und im Winter Abtrockenzeiten durch Absperren der Wasserversorgung einzulegen. Die zweite Problemlösung besteht in wechselnden Naß-Trockenperioden (siehe Ebbe-Flut-Dochtbewässerung).

Dochte sollten grundsätzlich gegen Licht geschützt sein (das gleiche gilt auch für Matten), da sich durch Licht, Wasser und Wärme sehr schnell Algen bilden. Algenbildung wird verhindert, wenn der Docht im Substrat liegt, mit Substrat bedeckt wird oder durch ein lichtundurchlässiges Röhrchen oder einen entsprechenden Schlauch geführt wird, wobei dieser allerdings nicht zu eng sein darf, da sich sonst die geförderte Wassermenge reduziert.

Herkömmliche Dochtbewässerung für Topfpflanzen, Blumenkästen und Gärten

Bei der herkömmlichen Dochtbewässerung (»Docht-von-unten-Prinzip«) besitzen die Töpfe einen von unten eingesteckten Docht, meist in Form eines feinmaschigen Gewebes, aber auch als Faserbündel aus Kunststoff-, Glaswolle- oder Steinwolle-Fasern. Der Docht ragt ins Wasser. Der Abstand zwischen Wasser-Oberfläche und Erstkontaktstelle mit dem Substrat wird als Saughöhe bezeichnet. Abhängig vom Docht und der Saughöhe bildet sich im Topf eine Saugspannung, welche bei kleiner Saughöhe eine große Feuchtigkeit und damit kleine Saugspannung und bei steigender Saughöhe eine geringere Feuchtigkeit und damit größere Saugspannung erzeugt. Die Feuchtigkeit des Substrats, abhängig von dessen Kapillarität und von den Umweltbedingungen, nimmt von unten nach oben ab. Während bei geringer Saughöhe von nur wenigen Zentimetern ein vergleichsweise dünner Docht im unteren Substratbereich eine nahezu vollständige Wassersättigung erzeugt, kann die Wassersättigung des Substrats im oberen Bereich weniger als 25% dieses maximalen Wertes betragen. Im Vergleich dazu kann z. B. bei Saughöhen über 20 cm, abhängig von der Dochtdicke, im unteren Topfbereich lediglich eine 4- bis 10%ige Feuchtigkeit erzielt werden.

Die Saughöhe und die Topfhöhe sind demnach neben Dochtart und -menge von besonderer Bedeutung für die Feuchtigkeit des Substrats. Da aber, wie bereits erwähnt, auch die Umwelt in Form von Temperatur, Luftbewegung usw. einen wichtigen Einfluß auf die Topffeuchtigkeit, insbesondere im oberen Erdbereich hat, können Töpfe mit von unten eingestecktem Docht im Hochsommer einen noch größeren Feuchtigkeits-Unterschied zwischen unterem und oberem Substratbereich haben, als oben geschildert, womit gleichzeitig die Grenze der »Dochtbewässerung von unten« angedeutet wird.

Neben der Einwirkung von Schwerkraft und Verdunstung ist weiterhin zu beachten, daß ein Docht an der Erstkontaktstelle mit dem Substrat mehr Feuchtigkeit abgibt als an einer entfernteren Stelle, unabhängig davon, ob der Docht senkrecht oder waagerecht angeordnet ist. Bei Töpfen mit großer Grundfläche und bei Blumenkästen werden deshalb auch bevorzugt zwei oder mehr Dochte in gewissen Abständen eingezogen. ▶

Für die Wasserversorgung der Balkonkastenpflanzen haben sich Docht- und Mattenbewässerungsverfahren bewährt

Die Länge des von unten in das Substrat eingesteckten Dochtes spielt bei Substraten mit großer Kapillarität eine untergeordnete Rolle, hat jedoch bei Substrat mit schlechter Kapillarität einen größeren Einfluß auf die Feuchtigkeit in der oberen Erdschicht. Da vielfach die Wurzeln nach unten in den Docht wachsen, ist ein nachträgliches Verringern der Einstecktiefe des Dochtes ohne Wurzelbeschädigung nur selten möglich.

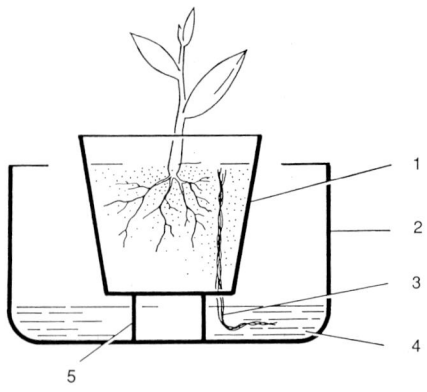

Die meisten Topfpflanzen lassen sich nachträglich auf Dochtkultur umstellen, indem der Docht mit Hilfe einer Sacknadel, eines Ösendrahtes oder eines einseitig an der Spitze abgeflachten 3 mm Hölzchens von unten durch ein Loch im Topfboden eingedrückt und je nach Substrat und Wasserbedarf im Laufe der Zeit mehr oder weniger zurückgezogen wird, bis die ideale Feuchtigkeit des Topfes (bevorzugt durch Gewicht ermittelt) erreicht ist.

Der Gartenfachhandel bietet eine große Palette für die Dochtbewässerung vorbereiteter Pflanzgefäße an, sowohl als Einzeltöpfe als auch als Blumenkästen:

• Beim DO-WA-System für Einzeltöpfe hängt das Pflanzgefäß mit Hilfe eines Halteringes in einem Übertopf. Der geflochtene Synthetikdocht wird mit seinem Einführstück 5 bis 6 cm tief durch das Bodenloch des Blumentopfes in das Substrat gedrückt. Das Wasser wird bis zur Einfüllmarke in den Übertopf gegossen und über den Docht an Substrat und Pflanzenwurzeln weitergeleitet. Nach Herstellerangaben soll die Wassermenge etwa für 5 Tage ausreichen. Für längerzeitige Abwesenheit wird der Blumentopf auf eine Lochscheibe oberhalb des Übertopfes gestellt, wodurch sich der Wasservorrat des Übertopfes vergrößert.

• Das LEIFHEIT-Fleuron-Einzelpflanzen-Bewässerungssystem besteht aus einem Abstandshalter mit Gewebedocht, einem am Boden geschlitzten Spezial-Pflanztopf verschiedener Größe und einer Füllstandsanzeige für den Übertopf. Der Abstandshalter ist so ausgebildet, daß er den Docht aufnimmt und sowohl zum Einstellen in Übertöpfe für Normalhalter als auch zum Aufsetzen auf

◄
Prinzip der Dochtbewässerung bei wasserunempfindlichen Pflanzen; die Feuchtigkeit der Erde ist nur begrenzt korrigierbar.

1 = Pflanzgefäß;
2 = Übergefäß;
3 = Glasfaserdocht;
4 = Nährlösung
5 = Abstandshalter

Übertöpfe für Urlaubskultur und großen Wasservorrat geeignet ist. Die Pflanztöpfe werden mit ihrem Schlitz so auf die Zunge des

Nachträgliches Einziehen eines Dochtes mit Sacknadel oder Ösendraht

Eintopfen von Topfpflanzen

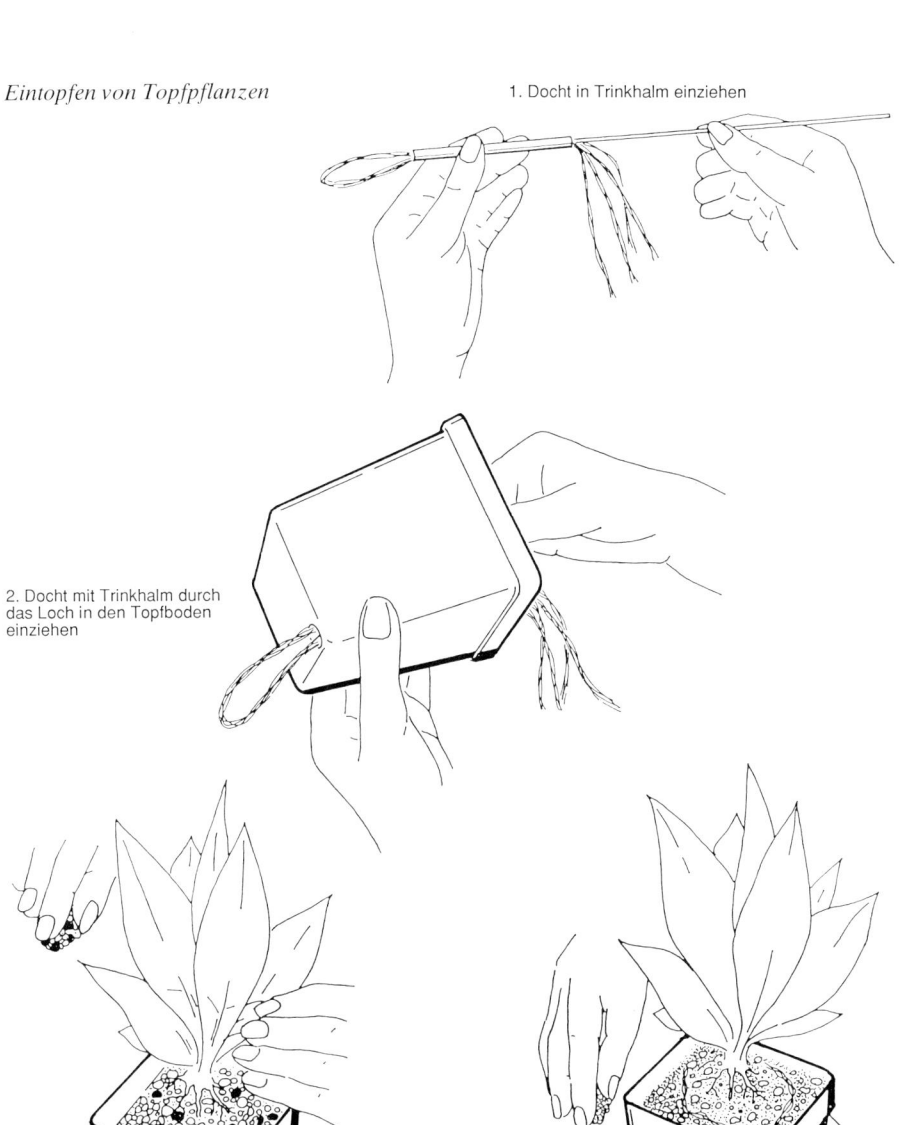

1. Docht in Trinkhalm einziehen
2. Docht mit Trinkhalm durch das Loch in den Topfboden einziehen
3. Pflanze eintopfen
4. Dochtenden flach legen und leicht mit Erde bedecken

Abstandshalters geschoben, daß Topf und Abstandshalter eine Einheit bilden und der Gewebedocht im Topfboden zu liegen kommt.
• Das »Docht-von-unten-Prinzip« wird auch beim Gärtnerkasten angewendet. In diesem Falle bilden Wasser- und Pflanzgefäß einen doppelwandigen Hohlkörper. Das Wasser im unteren Raum wird durch Steinwollstreifen im Zwischenboden an das Substrat abgegeben. Für Dauerrregen befinden sich im Zwischenboden Überlaufbohrungen. Befüllt wird der Kasten über die in einer Ecke vorgesehene Füllöffnung. Mittels 1/2"-Schlauch können die Kästen untereinander wasserleitend verbunden werden. Eine Sonderausführung mit eingebautem Schwimmerventil ermöglicht den Anschluß an die Wasserleitung und an eine automatische Befüllung. Stirnseitige Überlaufbohrungen verhindern eine Wasserbefüllung über den Zwischenboden.
• Beim Oase-Eldorado-Bewässerungssystem für Einzelpflanzgefäße und Blumenkästen bilden Wasser- und Pflanzgefäß eine Einheit. Sie sind lediglich durch eine herausnehmbare Zwischenplatte getrennt, welche ein oder mehrere Dochte (bzw. ein Dochtband) enthält, die ihrerseits die Nährlösung aus dem unteren Gefäßteil an die Erde abgeben. Ein Kontrollfenster mit Belüftungsstutzen sowie eine Einfüllöffnung gestatten die Wasserstandskontrolle und das Nachfüllen des Wassers. Das gleiche oder ein ähnliches Arbeitsprinzip wird von mehreren Herstellern von Bewässerungssystemen angewendet. Statt Erde findet teilweise auch ein Tongranulat, wie z. B. Grolit R 2000 Verwendung.
• Einen völlig anderen Weg der Kapillarbewässerung beschreitet Erdipol mit seinem Kapillar-Bewässerungsrohr, welches am Boden von Blumenkästen oder in 5 bis 25 cm Tiefe im Gartenboden angeordnet wird. Das geschlitzte Spezialrohr enthält im Schlitz einen Docht der das nahezu drucklos zugeführte Wasser im Rohr durch Kapillarität an die umgebende Erde abgibt. Die Docht-Schlitzrohre für 40, 60, 80 und 100 cm lange Blumenkästen sind mit einem 0,5 l fassenden Wasserbehälter verbunden, welcher eine Wasservorratshaltung für einige Tage ermöglicht (siehe hierzu Abschn. »Wieviel Wasser verbrauchen die Pflanzen?«). Im Freien verlegte Rohre sind durch den Schlitz frostfest, d. h. sie brauchen im Winter nicht entleert zu werden.
• Zur Wasserversorgung von Bäumen und gleichzeitigen Be- und Entlüftung des Wurzelbereichs dienen GEFA-Kapillarstäbe. Im wesentlichen handelt es sich dabei um gelochte Rohre mit einem Durchmesser von 100 mm bei einer Länge von 600 bis 1000 mm, die mit Steinwolle ausgefüllt sind und in den Wurzelbereich des Bodens gebracht werden. Die obere Öffnung dient zum Befüllen sowie Be- und Entlüften.
• Eine andere Form der Bewässerung und Belüftung von Bäumen und Sträuchern stellt das Mona-Plant-Kapillarbewässerungssystem dar. Hierbei werden, bevorzugt bei Neuanlagen von Gärten, im Boden unter den Pflanzen untereinander wasserleitend verbundene und mit Füllanschluß versehene Kunststoffbehälter vorgesehen. Diese Behälter besitzen auf ihrer Oberseite Kapillareinsätze, welche das Wasser ansaugen und an den Boden abgeben.

Docht-Röhrchen-Bewässerung für Topfpflanzen

Zur Beseitigung der Nachteile der »Docht-von-unten-Methode«, insbesondere der extremen Feuchtigkeitsunterschiede zwischen unterer und oberer Substratschicht im Topf, aber auch wegen der fehlenden Drainage, liegt es nahe, den Docht in die obere Erdschicht flach einzubetten, da die Feuchtigkeit sich durch die Schwerkraft von alleine in den unteren Topfbereich absenkt. Im einfachsten Falle werden dafür Trink-Kunststoffhalme oder andere Kunststoffröhrchen verwendet, die 10 bis 15 mm kürzer sind als der Topf hoch ist und durch die der Docht bevorzugt mit Hilfe eines ca. 3 bis 4 mm dicken, vorn abgeflachten Hölzchens eingezogen wird, so daß der Docht im unteren Topfteil kein Wasser abgeben kann. Die dadurch entstehende größere Saughöhe (und damit geringere Fördermenge) kann bei

Prinzip der Docht-Röhrchen-Bewässerung (System Ortmann) bei wasserempfindlichen Pflanzen; die Dochtenden liegen unmittelbar unter der Oberfläche und gestatten eine nachträgliche Korrektur der Feuchtigkeitsabgabe

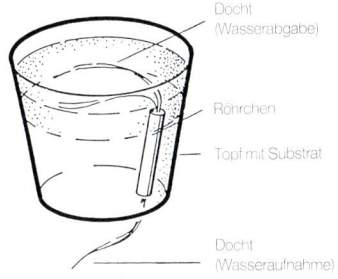

Töpfen bis ca. 13 cm Höhe durch entsprechende Dochtmengen, (zwei oder mehr Röhrchen mit Docht) ausgeglichen werden.

Das Einziehen des Dochtes in das Röhrchen ist eine Frage der Übung und in 1 bis 2 Sekunden durchzuführen. Ebenso schnell geht das Eindrücken des Röhrchens mit Docht durch die Löcher im Topfboden. Nach dem Einpflanzen werden die Dochtenden flach auf die Erde gelegt und leicht mit Erde abgedeckt. Pflanzen mit Topfballen werden aus dem Topf herausgenommen, um das Röhrchen mit Docht in den Topf einzulegen. Die Dochtenden werden mit Erde bestreut.

Bei Orchideen verwendet der Verfasser bevorzugt Kunststoff-Vierecktöpfe mit den Außenabmessungen 7 cm, 9 cm, 11 cm, 13 cm und 5-l-Eimer. Vierecktöpfe nutzen die Stellfläche besser aus und verhindern mehr noch als runde Töpfe Algenbildung. Zum Eintopfen/Umtopfen werden alle faulen oder vertrockneten Wurzeln entfernt, bedarfsweise zu lange Wurzeln gekürzt. Bei über den Topfrand hinaushängendem Docht wird die Pflanze in den Topf so eingesetzt, daß die Wurzelansatzstelle später leicht mit Substrat bedeckt ist. Nun wird das Substrat eingefüllt, zunächst Styroporstücke, dann das grobe Substrat (geringe Kapillarwirkung, große Hohlräume), bis etwa 10 bis 15 mm vom oberen Rand entfernt, dann feines Substrat (große Kapillarwirkung). Vor dem Einfüllen der letzten Schicht wird der Docht so um die Pflanze gelegt, daß er sich am Ende nicht überschneidet und möglichst kurze Abstände zu allen Substrat-Teilchen entstehen. Der Docht soll zwar möglichst weit oben liegen, aber nicht aus dem Substrat herausragen. Die Dochtmenge muß bei diesem Substrat doppelt bis dreimal so groß sein, wie bei normaler Erde, da die verwendeten Substrate nur wenig Wasser speichern! Bei unbeschnittenen und unbeschädigten Wurzeln kann das Substrat sofort von oben gleichmäßig gegossen werden, damit die Kapillarwirkung beschleunigt einsetzt, oder bei beschnittenen Wurzeln innerhalb 1 bis 2 Tagen, um evtl. vor der Benässung der Schnittstellen diese leicht antrocknen zu lassen.

Der günstigste Zeitpunkt zum Umtopfen ist zu Beginn der Wachstumszeit. Bei vielen Pflanzen sind das die Monate Februar bis April.

Ebbe-Flut-Dochtbewässerung für Blumenkästen, Ampel-, Kübelpflanzen und Epiphyten

Die normale Dochtbewässerung mit unten in die Nährlösung eintauchendem Docht hat

Doppel-Blumenkasten mit Schwimmerventil und Dochtrohren mit Glasfaserdochten

dort ihre Grenzen, wo die Saughöhe in den Extrembereich gelangt, d. h. über 20 cm beträgt. Wird das Wassergefäß nicht unten, sondern als Röhrchen im oder neben dem Pflanzgefäß angeordnet, ist der Topf- bzw. Kübelgröße nahezu keine Grenze gesetzt.
Es ist also durchaus möglich, durch Wassergefäße in oder neben den Kübeln nach der »Docht-von-oben-Methode« eine einwandfreie Bewässerung vorzunehmen, im Extrembereits beschrieben, ein echtes Fluten, d. h. nahezu 100%ige Feuchtigkeit, bei großen Töpfen oder Kübeln praktisch unmöglich, d. h. das Fluten ist nur mit hochliegendem Wasserspiegel im Vergleich zur Erdoberfläche möglich. Der Zustand »Ebbe« wird erreicht, wenn die Docht-Saughöhe extrem vergrößert bzw. der Wasserbehälter entleert wird. Die Veränderung der Saughöhe geschieht wahlweise durch einen Schwimmer-

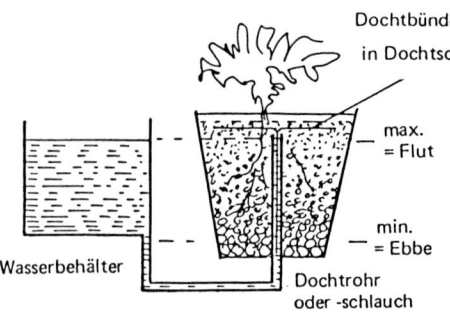

◄ *Grundprinzip der Ebbe-Flut-Dochtbewässerung*

falle sogar im Kübel eine 100%ige Sättigung zu erreichen, wenn die Wasseroberfläche nahezu gleichhoch oder höher liegt als die Erdoberfläche. Nach dem Prinzip der kommunizierenden Gefäße wird solange Wasser über den Docht an die Erde abgegeben, bis beide Gefäße das gleiche Wasserniveau haben oder das Substrat gesättigt ist. Das geht um so schneller, je höher das Wassergefäß angeordnet wird und je dicker der oder die Dochte sind. Andererseits kann über die Dochtmenge eine Dosierung der Wassermenge vorgenommen werden, so daß also nicht 100%ige Feuchte, sondern eine bestimmte Erdfeuchtigkeit erzielt wird.
Die normale Ebbe-Flut-Bewässerung wurde entwickelt, um weder eine Dauer-Überfeuchte noch eine zu geringe Feuchte zu erzielen. Das geschieht durch wechselweises Fluten und Abtrocknen, wobei die Flut- und Abtrockenintervalle entweder manuell oder automatisch durch Schaltuhr oder Feuchtefühler bestimmt werden. Mit Hilfe der Dochtbewässerung ist dieser Vorgang ebenfalls nachvollziehbar. Bei Anordnung des Wassergefäßes unterhalb der Pflanzgefäße ist, wie

ventilbehälter mit einstellbarem Schwimmer oder durch einen höhenveränderlich angeordneten Schwimmerventilbehälter, wobei dieser einen besonders kleinen Wasserinhalt haben kann. Eine andere Möglichkeit »Ebbe« zu erzeugen, besteht darin, den Schwimmerventilbehälter vergleichsweise hoch anzuordnen und nur eine Feineinstellung der »Flut«-Stellung mit Hilfe des höhenveränderlichen Schwimmerventils vorzunehmen, gleichzeitig aber für »Ebbe« die Wasserzufuhr vom Schwimmerventil zur Docht-Eintauchstelle oder zwischen Schwimmerventil und Wasseranschluß abzusperren. Wird ein kleinvolumiges Wassergefäß, z. B. nur ein senkrechtes, mit dem Schwimmerventil verbundenes Röhrchen verwendet, und die Wasserzufuhr über ein Wegeventil abgesperrt, verbraucht sich die vorhandene Wassermenge im Röhrchen vergleichsweise schnell. An dieser Stelle muß betont werden, daß eine völlig abgetrocknete Erde, aber auch ein 100%ig trockener Docht, sich schlechter benäßt als Erde oder ein Docht mit Restfeuchte.
Die Betätigung des Wegeventils kann im Hobbybereich manuell, im Erwerbsgartenbau bevorzugt automatisch, durch Feuchteschalter (Tensiostat) oder/und Schaltuhr erfolgen. Statt der Steuerung über Schwimmerventilbehälter und Magnetventil kann auch eine schwimmerlose Niveausteuerung, kombiniert mit einer Zeit- oder Feuchtesteuerung, vorgesehen werden (siehe hierzu auch Kap. 8, Abschnitt »Niveau-Steuergeräte«).

• **Anwendung für Blumenkästen:** Typische Ebbe-Flut-Dochtbewässerungen von Blumenkästen haben über dem Boden am Rand ein 16 mm Kunststoffrohr mit einer Reihe 10-mm-Bohrungen auf der Oberseite, in die mit Hilfe von Kunststoff-Dichtkegeln 8-mm-Dochtschläuche wasserdicht eingesteckt sind. Diese senkrecht an der Blumenkasten-Innenseite angeordneten Schläuche sind ca. 10 bis 20 mm kürzer als die Blumenkastenhöhe und mit den Dochtschläuchen im Abstand von 20 cm mit T-Stücken verbunden.
Als Schwimmerbehälter dient z.B. eine 80×80×220 mm große Viereck-Kunststoffflasche. Das Schwimmventil ist im Schraubverschluß befestigt und leicht herausziehbar. Die Verbindung mit Hochbehälter oder Wasserleitung geschieht über einen Schlauch.
In der Praxis wird man die Höhenveränder-

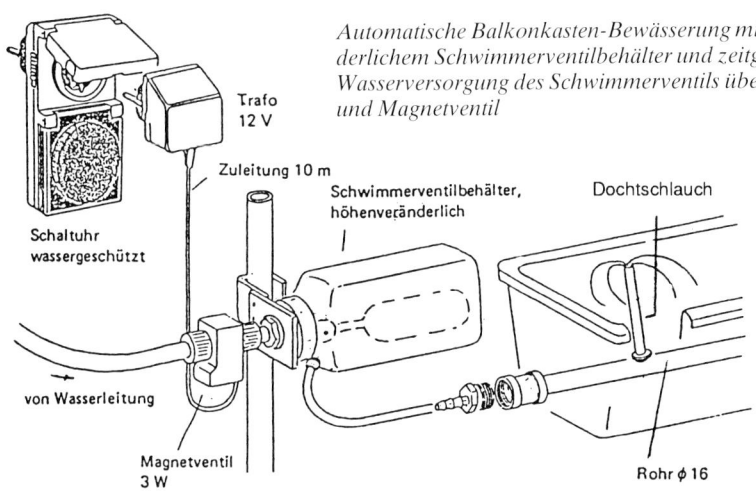

Automatische Balkonkasten-Bewässerung mit höhenveränderlichem Schwimmerventilbehälter und zeitgesteuerter Wasserversorgung des Schwimmerventils über Schaltuhr und Magnetventil

mit einem Docht oder Dochtbündel ausgestattet, der nach dem Einpflanzen auf der Erdoberfläche aufliegt und mit Erde abgedeckt wird.
Während bei der Docht-Röhrchen-Bewässerung die Dochtmenge, die mit der Erde Kontakt hat, nicht zu groß sein sollte, kann bei der Ebbe-Flut-Dochtbewässerung eine größere Dochtmenge vorgesehen werden.
Die 16-mm-Rohre der einzelnen Blumenkästen sind untereinander mit Muffen verbunden. Das letzte Rohr ist mit Hilfe eines Dichtkegels abgedichtet, das erste Rohr ist mit einer höhenveränderlichen Niveausteuerung verbunden.
Bei Blumenkästen mit einer Gesamtlänge von nur einigen Metern werden statt der 16-mm-PVC-Rohre als Versorgungsleitung ebenfalls 8 mm-Schläuche vorgesehen und

lichkeit der Niveausteuerung bevorzugt nur zur Fluteinstellung benutzen und den Ebbezustand über das Wegeventil einleiten und beenden. Diese Vorgänge werden wahlweise von Hand oder elektromagnetisch gesteuert. Bei elektromagnetischer Schaltung wird das Umschalten durch Feuchteschalter oder Schaltuhren vorgenommen, die den Niedervolt-Schaltkreis öffnen oder schließen. Eine Feineinstellung der Wassermenge läßt sich zusätzlich noch über die Dochtmenge, die mit der Erde Kontakt hat, vornehmen.
Im Unterschied zur normalen Dochtbewässerung können bei Töpfen im Innenbereich im Pflanzstoff auch wasserspeichernde Teile, wie z.B. Torf, enthalten sein, die Abtrockenzeiten sind in diesem Falle allerdings länger.
• **Blumentreppen und -gestelle:** Die automatische Bewässerung dreidimensional angeord-

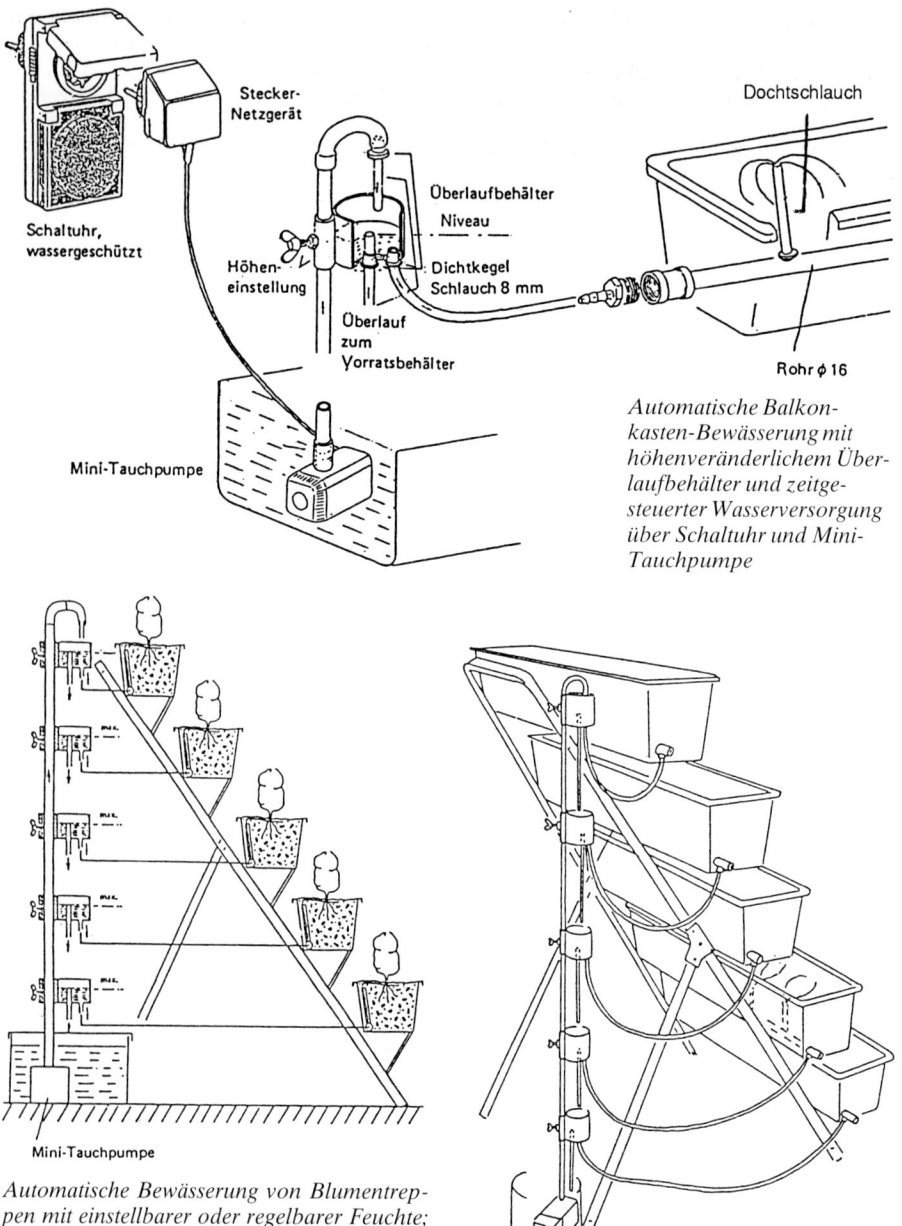

Automatische Balkonkasten-Bewässerung mit höhenveränderlichem Überlaufbehälter und zeitgesteuerter Wasserversorgung über Schaltuhr und Mini-Tauchpumpe

Automatische Bewässerung von Blumentreppen mit einstellbarer oder regelbarer Feuchte; Ebbe-Flut-Dochtbewässerung (System Ortmann)

neter Pflanzengruppen eröffnet sowohl mit Hilfe der einfachen Dochtbewässerung nach dem Doppelblumenkasten-Prinzip aber auch nach dem Prinzip der Ebbe-Flut-Dochtbewässerung neue Möglichkeiten der Gartengestaltung bei minimalem Aufwand für die Pflege. Bei beiden Methoden können die Wasser-Versorgungsleitungen so angeordnet werden, daß sie nahezu unsichtbar sind. Bei der Ebbe-Flut-Dochtbewässerung kommt als weiterer Vorteil die regelbare Feuchte hinzu. Blumenkästen oder Pflanzgefäße beliebiger Art lassen sich an der Wand oder auf besonderen Gestellen nahezu beliebig auf vielen Niveauebenen anordnen.

Die Bewässerung erfolgt mittels Wasser-Drucksystem über Schwimmerventile, die den einzelnen Niveaus zugeordnet sind oder – bevorzugt – über die schwimmerlose Niveausteuerung nach dem Kaskadenprinzip, wobei das Wasser bzw. die Nährlösung je einem höhenveränderlichen Überlaufbehälter für jedes Niveau zugeführt wird und das Restwasser in den Sammelbehälter zurückfließt.

Die Pumpe wird zeit- oder feuchteabhängig eingeschaltet. Gartenanlagen ohne elektrischen Anschluß können auch durch 12- oder 24 V-Akkus mit Wasser versorgt werden. Der Zuführschlauch wird mit einer Niveausteuereinrichtung verbunden, die bedarfsweise auch mehrere Meter entfernt, verdeckt angeordnet werden kann und, abhängig von deren Wasserstand, nach dem Prinzip der kommunizierenden Gefäße die Wasserhöhe in den Dochtschläuchen und damit die Wasserabgabemenge an die Pflanzen bestimmt.

• **Anwendung bei Ampelpflanzen:** Im Vergleich mit anderen Pflanzen erfordern solche, die sich in hochhängenden Ampeln befinden, einen besonderen Pflegeaufwand. Soweit das Bewässern mit Hilfe eines Gartenschlauches nicht möglich ist, wird in den meisten Fällen eine Leiter notwendig. Hinzu kommt, daß viele Ampelpflanzen einen hohen Wasser- und Nährstoffverbrauch haben und an heißen Sommertagen täglich mindestens einmal gegossen werden müssen. Wer hätte sich da nicht schon öfter eine Automatisierung der Wasserversorgung gewünscht! Da andererseits auch eine gewisse Regelung der zugeführten Wassermenge in Abhängigkeit vom Wetter wünschenswert ist, liegt es nahe, die Wasser- und Nährstoff-Versorgung mit Hilfe der Ebbe-Flut-Dochtbewässerung vorzunehmen.

Jede Ampelschale erhält, bevorzugt mittig, ein Dochtröhrchen von 6/8 mm Durchmesser mit Dochtbündel und wird unterseitig über ein T-Stück an waagerecht angeordnete Schläuche (6/8 mm) mit den übrigen Ampelpflanzen und mit dem Schwimmerventil verbunden. Bei der einfacheren Ausführung liegt das T-Stück unterhalb der Ampel, bei einer anderen Ausführung im Inneren am Ampelboden. Der waagerechte Schlauch wird durch zwei gegenüberliegende 9-mm-Bohrungen am Rand über den Boden geführt. Der Vorteil dieser Ausführung ist, daß das T-Stück von außen unsichtbar und die von unten sichtbaren Anschlußschläuche kürzer sind, da der innenliegende Teil der Anschlußschläuche nicht sichtbar ist.

Außerdem läßt sich die Ampel im nichtaufgehängtem Zustand leichter auf einer ebenen Fläche abstellen sowie bedarfsweise durch Zusatzdochte von unten bewässern.

Bei Ampeln mittlerer Größe, d. h. mit ca. 200 bis 250 mm Durchmesser, sind etwa vier bis fünf 1-mm-Glasfaserdochte, 500 m lang, erforderlich. Diese Dochte werden in der Mitte und mit Hilfe eines dünnen, flachen Hölzchens, ca. 100 mm lang, in das Dochtrohr gedrückt, so daß die acht bis zehn Dochtenden oben als Bündel herausragen. Mindestens ein Loch mit 6 bis 8 mm Durchmesser sollte im Boden für den Regenwasserablauf vorgesehen werden. Zusätzlich ist eine Drainage im Bodenbereich der Ampel empfehlenswert. Nach dem Bepflanzen der Ampel werden die Dochtenden auf der Ampel-Oberfläche radial verteilt und mit ca. 10 bis 20 mm Erde abgedeckt. Abschließend wird die Erde leicht angegossen.

Während bei der Ausführung mit außenliegenden T-Stücken die Verbindungsschläuche auf richtige Länge geschnitten, die T-Stücke direkt verbinden, werden bei der Ausführung mit innenliegenden T-Stücken die Verbindungsschläuche halber Länge über Schlauchverbinder miteinander verbunden. Alle

mit Pflanzschale
in der Ampel

mit Wasserschale
unter der Ampel

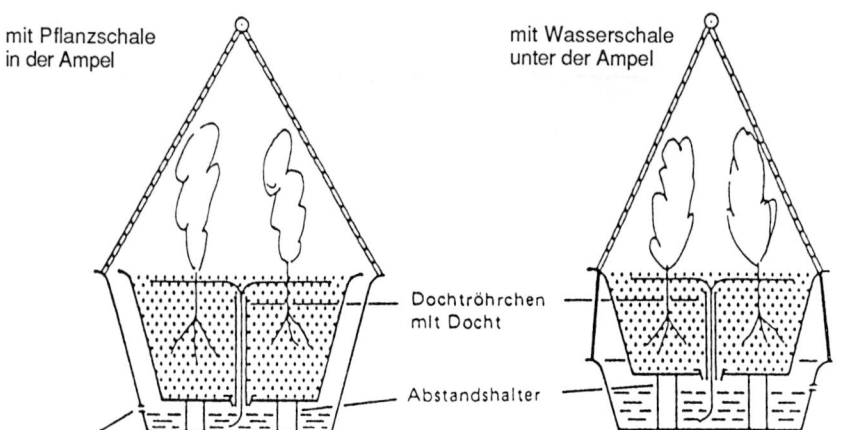

Dochtröhrchen mit Docht

Abstandshalter

Bei Anordnung
im Freien
Regenwasser-Überlauf

... mit Abstandshalter für manuelles Befüllen ▲

... mit selbsttätiger Wasserversorgung über Schwimmerventil
Ebbe-Flut-Dochtbewässerung ▼

von Wasserleitung
oder Hochbehälter

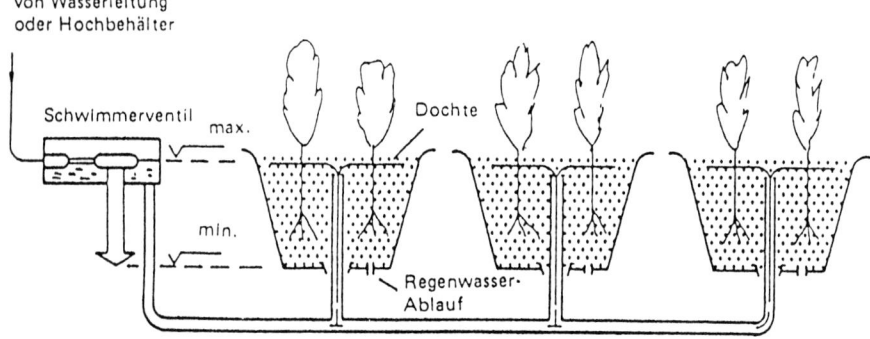

Schwimmerventil   max.   Dochte

min.

Regenwasser-Ablauf

Schlauch 6 mm Innendurchmesser

von Wasserleitung
oder Hochbehälter

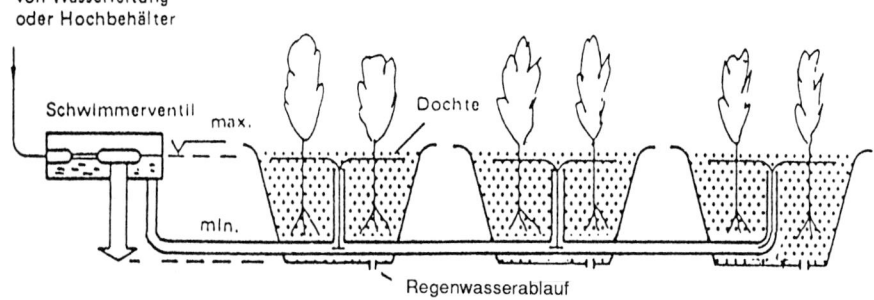

Schwimmerventil   max.   Dochte

min.

Regenwasserablauf

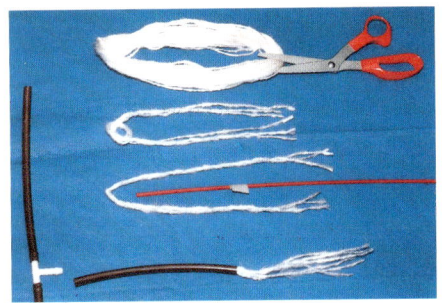

Vorbereitungen für die automatische Bewässerung von Ampelpflanzen: Dochte und Dochtschläuche werden auf die vorgesehene Länge geschnitten, die Dochte in die Schläuche eingezogen und die Schläuche über T-Stücke miteinander verbunden...

... Dichtkegel mit Schlauch und Docht durch das Loch im Boden der Ampelschale eingezogen...

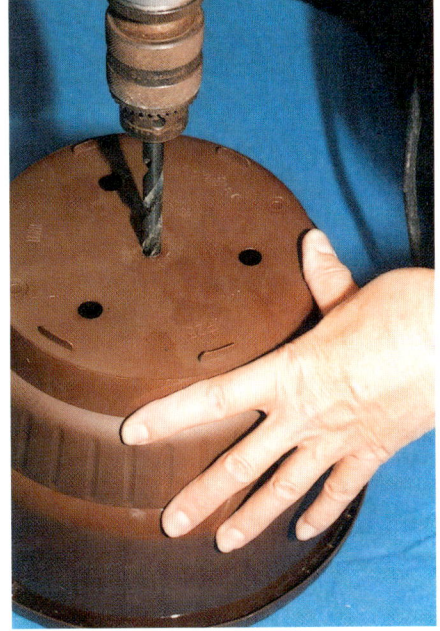

... in den Boden der Ampelschale werden Löcher von 10 mm Durchmesser gebohrt...

◄
Halbautomatische und automatische Dochtbewässerungssysteme für Ampelpflanzen

Ampelpflanzen müssen, bezogen auf die Erdoberfläche, auf gleicher Höhe hängen.
Der höhenveränderliche Schwimmerventilbehälter wird möglichst verdeckt angeordnet. Die Befestigung kann z. B. an einem Pergola-Pfosten, an einer Hauswand, an einem Sonnenschirmständer oder an einem Baum erfolgen. Die Verbindungsleitung zur ersten Ampelschale kann auch senkrecht nach unten und in der Nähe der ersten Ampelschale wieder senkrecht nach oben geführt werden.
An warmen Tagen wird der Schwimmerventilbehälter vergleichsweise hoch eingestellt, dadurch steigt der Wasserspiegel im Dochtröhrchen, nach dem Prinzip der kommunizierenden Gefäße. Die Dochtsaughöhe verringert sich und die Pflanze erhält mehr Wasser. Bei diesigem Wetter wird der Schwimmerventilbehälter etwas und bei Regenwetter stark gesenkt, so daß der Wasserstand im Dochtröhrchen sinkt, die Saughöhe vergrößert sich und die Pflanze erhält weniger Wasser. Bei Regenwetter wird der Schwimmerventilbehälter so weit gesenkt, bis der Wasserstand im Dochtröhrchen unterhalb der Dochtenden liegt. Statt der manuellen Verstellung des Schwimmerventilbehälters kann in die Wasser-Zuleitung ein Magnetventil eingebaut werden, welches durch Zeituhr

oder Feuchtefühler gesteuert, die Wasserzufuhr zu den Dochtröhrchen unterbricht oder freigibt.

... der Boden der Ampelschale wird mit einer gut drainierenden Schicht aus Topfscherben, Kies oder Styroporabfällen bedeckt ...

... die Schale mit Erde gefüllt, bepflanzt und aufgehängt

• **Anwendung bei Kübelpflanzen:** Für einzelstehende Kübel kann eine Langzeitbewässerung durch Anordnung von lichtdicht abgedeckten Wassergefäßen mit max. 12 cm Wasserhöhe im Kübelinneren oder durch Anhängen am Kübelrand vorgenommen werden. In diese Wassergefäße tauchen Dochtbündel, welche ca. 1 bis 3 cm unterhalb der Erdoberfläche gleichmäßig verteilt werden. Zum Schutz gegen Verdunstung und Algenbildung ist der Teil des Dochtes zwischen Wassergefäß-Deckel und Erdoberfläche mit einem nicht zu engen undurchsichtigen Schlauch zu versehen. Die maximale Wasseroberfläche sollte tiefer als die Erdoberfläche liegen, sonst erfolgt nach dem Prinzip der kommunizierenden Gefäße schnell eine Übernässe im Kübel. Größere Kübel sind mit mehreren auf dem Umfang verteilten Wassergefäßen zu versorgen. Je mehr sich die Wassergefäße entleeren, um so größer wird die Docht-Saughöhe und damit um so kleiner die pro Zeiteinheit abgegebene Wassermenge, deshalb sollte das Volumen der Gefäße nicht zu klein sein oder der Wasserstand bei hochsommerlichen Wetter öfter ergänzt werden.

Für die automatische Bewässerung von Kübelpflanzen ist die Ebbe-Flut-Dochtbewässerung zu bevorzugen. Obgleich es möglich ist, die Ebbe-Flut-Dochtbewässerung auch nachträglich bei bereits bepflanzten Kübeln vorzunehmen, sollte, schon aus optischen Gründen, die Umstellung bevorzugt vor dem Bepflanzen der Kübel vorgenommen werden.

Die Wasserzufuhr in die Kübel und die Wasserverteilung innerhalb der Kübel erfolgt mit Hilfe von Schläuchen von 6/8 mm Durchmesser. Für Kübel bis ca. 5 l Inhalt genügt vielfach ein Schlauch, der dicht oberhalb des Bodens in den Kübel eingeführt wird und dessen Oberkante ca. 10 mm unterhalb der Erdoberfläche im mittleren Kübelbereich unmittelbar neben der Einzelpflanze oder zwischen der Gruppenbepflanzung endet. Ein Dochtbündel aus ca. fünf 1 mm Dochten oder zwei 3 mm Dochten und 50 cm Länge, wird in der Mitte plaziert und mit Hilfe eines dünnen, flachen Hölzchens (ca. 100 mm lang) in das Dochtrohr gedrückt, so daß die Dochtenden als Bündel herausragen. Auf die radial verlegten Dochtenden kommt eine Erdschicht von 10 bis 30 mm Dicke.

Bei Kübelpflanzen bis ca. 10 l wird als Abzweigung über T-Stück innerhalb des Kübels ein zweiter Dochtschlauch mit Dochtbündel vorgesehen. In diesem Falle enden die beiden Dochtschläuche jeweils an der gegenüberliegenden Kübelwand, die Dochtenden werden fächerförmig zur Mitte hin verlegt, so daß die

Auch Tomaten wachsen in dauerbewässerten Kübeln sehr gut und bringen reiche Ernte ▶

Erde etwa gleichmäßig abgedeckt ist, abschließend kommt darüber wieder eine Erd-Deckschicht von 10 bis 30 mm.

Für die Dochtbewässerung vorbereitetes Kübelpflanzen-Gefäß ▼

Ebbe-Flut-Dochtbewässerung von Kübelpflanzen; die Steuerung erfolgt durch Schwimmer- und Magnetventil

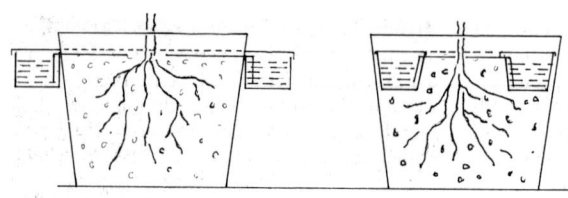

Kübelpflanzen-Einzelbewässerung mit angehängten bzw. eingesetzten Wassergefäßen

Bei noch größeren Kübeln werden drei oder mehr senkrecht am Kübelrand angeordnete Dochtschläuche mit Dochtbündel vorgesehen. Die unteren Enden der Dochtschläuche sind über T- oder Kreuz-Stücke untereinander oder an eine Ringleitung mit Anschluß nach außen verbunden.
Die Verbindung der einzelnen Dochtschläuche mit dem Wasserbehälter kann nach zwei Methoden erfolgen: Bei geringer Kübelanzahl erfolgt die Verbindung über die gleichen 6/8 mm Schläuche, die auch als Dochtschlauch verwendet werden, mit Hilfe von T-Stücken. Bei größeren Anlagen werden 16- oder 20-mm-PVC-Rohre am Boden verlegt, in deren 10-mm-Bohrungen die Dochtschläu-

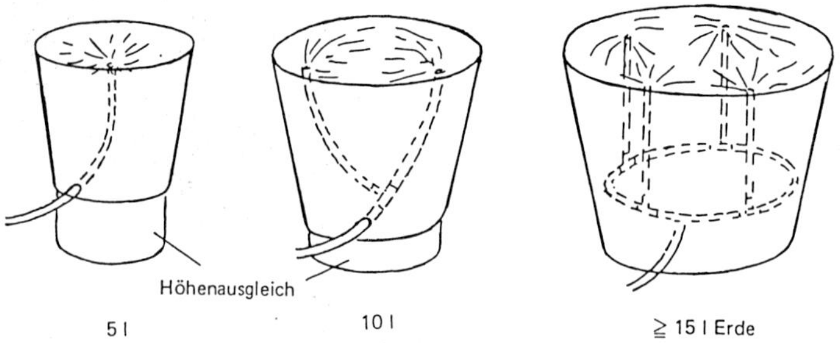

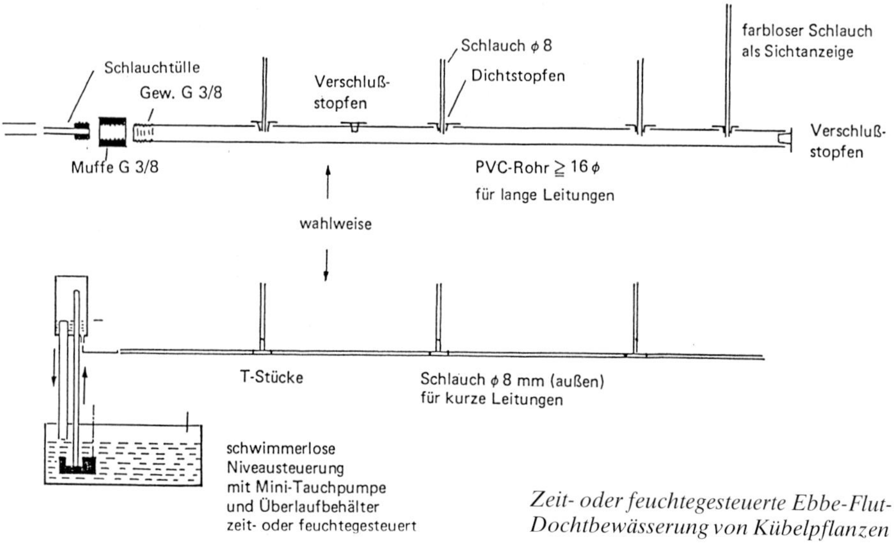

Zeit- oder feuchtegesteuerte Ebbe-Flut-Dochtbewässerung von Kübelpflanzen

che mit Hilfe von Dichtkegeln eingesteckt und abgedichtet sind. Nichtbenutzte Bohrungen werden mit Hilfe von Dichtstopfen verschlossen. Das Rohrende erhält einen Endstopfen. Der Anschluß zum Schwimmerventil wird beim 16-mm-Rohr über Gewinde G 3/8, Gewindemuffe und passender Schlauchtülle sowie 6/8-mm-Schlauch hergestellt.

Die Wasserversorgung erfolgt im einfachsten Fall durch einen Wasserbehälter mit möglichst großer Oberfläche aber kleiner Höhe, welcher mit den Dochtschläuchen der einzelnen Kübel über ein Absperrventil verbunden ist. Der maximale Wasserstand im Wasserbehälter muß etwas niedriger als die Dochtschlauch-Oberkante liegen. Gegebenenfalls wird der Wasserstand im Behälter durch ein Schwimmerventil, das an die Wasserleitung oder an den Hochbehälter angeschlossen ist, auf gleichmäßigem Niveau gehalten. Die Feuchtregelung erfolgt manuell durch Öffnen oder Schließen eines Absperrventils oder automatisch durch zeit- oder feuchteabhängiges Öffnen und Schließen eines Magnetventils.

Eine bessere Lösung stellt die Verwendung eines höhenveränderlichen Schwimmerventil-Behälter dar. Im allgemeinen genügt eine manuelle Verstellung des Schwimmerventil-Behälters nach oben oder unten, um den Kübeln über die Dochte mehr, weniger oder gar kein Wasser zuzuführen. Durch Einbau eines 12- oder 24 V-Magnetventils mit Trafo zwischen Schwimmerventil-Behälter und Rohrleitung oder zwischen Wasseranschluß und Schwimmerventil-Behälter bzw. durch Verwendung einer schwimmerlosen Niveausteuerung mit Aquarium-Tauchpumpe kann die Steuerung der zugeführten Wassermenge auch zeit- oder feuchteabhängig erfolgen.

Die Erdoberfläche aller Kübelpflanzen muß auf gleichem Niveau stehen. Kleinere Kübel sind durch Unterlagen auf das gleiche Erdniveau wie die großen Kübelpflanzen zu bringen.

Sind bepflanzte Kübel nachträglich auf Ebbe-Flut-Dochtbewässerung umzustellen, kommen hauptsächlich zwei Methoden in Frage: Bei der ersten Methode wird der Kübel umgelegt. Dann werden mit einem Holz von ca. 10 mm Durchmesser durch den Kübelboden und die Erde Löcher vorgebohrt, durch die die Dochtschläuche mit Dochten eingezogen werden (Achtung: Schlauchende vor dem Durchstecken mit Schraube oder Holz verschließen, damit keine Erde in den Schlauch gelangt!) Auf der Kübel-Unterseite werden die Dochtschläuche mit Dochten sowie die Anschlußleitungen durch T-Stücke und Schläuche miteinander verbunden. Nach dem Wiederaufrichten der Kübelpflanze werden die Dochtenden, wie bereits beschrieben, auf der Erde verteilt und mit Erde bedeckt.

Eine zweite Möglichkeit besteht darin, neben den Kübeln horizontal liegende 16- oder 20-mm-PVC-Rohre vorzusehen, in deren 10-mm-Bohrungen über Dichtkegel 8-mm-Dochtschläuche eingesteckt sind, welche die gleiche Höhe haben wie die Kübel. Die Dochtbündel werden über den Kübelrand auf der Erde verteilt und mit Erde bedeckt. Problematisch ist dabei das kurze, nicht mit Erde bedeckte Teil des Dochtbündels. Es sollte gegen Abtrocknen und Algenbildung mit Folie abgedeckt sein. Eine bessere Lösung besteht darin, in der Kübelwand dicht unter der Erdoberfläche mehrere Bohrungen vorzusehen, durch die Kunststoffwinkel oder -bogen geschoben werden und mit deren Hilfe die algenfreie Verbindung zwischen Dochtschlauchoberkante und Erddeckschicht hergestellt wird. Auf diese Weise sind die Dochtbündel licht- und verdunstungsgeschützt.

Übrigens, die Verdunstung wird erheblich verringert, wenn auf die Kübel-Oberfläche mehrere Teilstücke Nadellochfolie aufgelegt und mit Erde bedeckt werden. Mattenreste unter der Folie oder im oberen Erdbereich verbessern die horizontale Wasserverteilung.

• **Anwendung bei Epiphyten:** Epiphyten ernähren sich in der Natur hauptsächlich von den im Nebel und Regen enthaltenen und vom Wind zugeführten Nährstoffen. Sie sind wahre Überlebenskünstler, denn selbst auf elektrischen Leitungsdrähten finden Tillandsien in ihren Heimatgebieten genug, um zu überleben und sich zu vermehren.

Die Natur läßt sich bei uns im Zimmer nur schwer nachahmen. Es sind immer nur Kom-

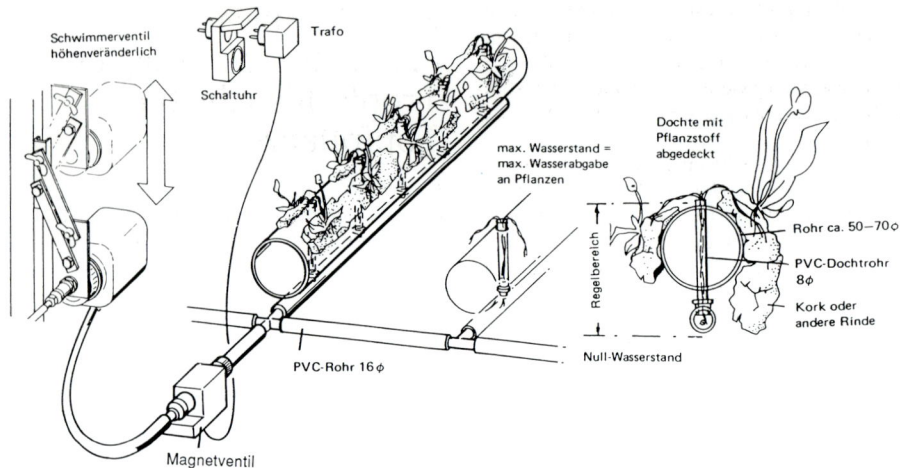

Epiphyten-Bewässerung (Ebbe-Flut-Dochtbewässerung); die abgegebene Wassermenge ist primär von Docht-Saughöhe (Wasserstand in Dochtrohr) und Dochtmenge abhängig

promisse. Zu diesen Kompromissen gehört auch die Ebbe-Flut-Dochtbewässerung, die uns eine längere Abwesenheit von den Pflanzen ermöglichen soll.
Ähnlich wie bei der Ebbe-Flut Bewässerung von Blumenkästen besteht die Bewässerungseinrichtung auch hier aus sekrecht angeordneten 8-mm-Kunststoff-Dochtröhrchen (mit Glasfaserdochten), die in die 10-mm-Bohrungen eines waagerecht angeordneten 16-mm-Kunststoffrohres mit Hilfe von Kunststoff-Dichtkegeln wasserdicht eingesteckt sind. Über einen Hochbehälter oder an eine Wasser-Druckleitung angeschlossenen höhenveränderlichen Schwimmventilbehälter wird in den Dochtröhrchen, nach dem Prizip der kommunizierenden Gefäße, ein veränderbarer Wasserspiegel erzeugt. Bei hohem Wasserspiegel in den Dochtröhrchen entnehmen die Dochte aus den Röhrchen vergleichsweise viel Wasser, bei niedrigem Wasserspiegel in den Dochtröhrchen wenig oder gar kein Wasser. Die auf den Pflanzen liegenden Dochtenden geben Wasser und Nährstoffe über das Substrat an die Wurzeln der Pflanzen ab.
Um auch eine größere Anzahl Epiphyten automatisch zu bewässern, dient als Halterung ein Kunststoffrohr mit mindestens 50 mm, vorzugsweise 70 bis 100 mm Durchmesser, auf welches die an Rinden- oder Aststücke befestigten Epiphyten festgebunden werden. Eine vollständige, d. h. durchgehende Korkrindeverkleidung des Kunststoffrohres erweist sich zumindestens dann als nachteilig,

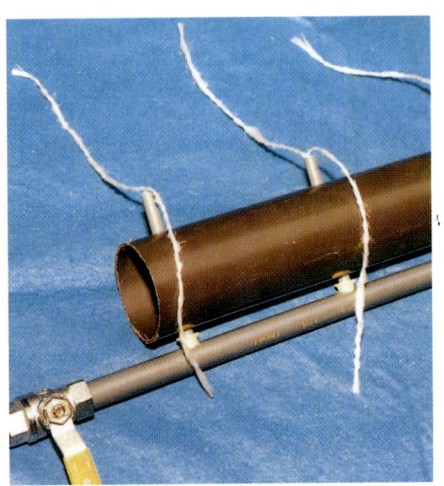

Für die Ebbe-Flut-Dochtbewässerung vorbereitetes Pflanzgefäß für Epiphyten

wenn die darauf wachsenden Epiphyten so ineinandergewachsen sind, daß man sie nur noch mit Gewalt trennen kann. Deshalb ist die Verwendung vieler Korkrinde-Einzelstücke besser als die einer geschlossenen Verkleidung.

In diese waagerecht im Raum angeordneten Rohre werden in gleichmäßigen Abständen (ca. 80 bis 150 mm) senkrecht 10-mm-Bohrungen vorgesehen, durch die die Dochtröhrchen mit Dochten geschoben werden. Sie sollten nur wenige Millimeter aus dem Tragrohr herausragen. Die Dochtenden werden im Substrat der aufgebundenen Pflanzen integriert. Gleichzeitig ist das wasserführende 16-mm-Rohr mit dem Tragrohr durch Drähte oder wasserfeste Fäden zu einer Einheit zu verbinden.

Während bei anderen Ebbe-Flut-Dochtbewässerungen die Wasserabgabemenge vielfach auch durch manuelles Höher- oder Tieferstellen des Schwimmerventilbehälters erfolgen kann, sollte man bei der Epiphyten-Bewässerung von vornherein eine Steuerung über Magnetventil und Schaltuhr vorsehen. Bei hohen Temperaturen sollten die Einschaltzeiten länger sein oder öfter als bei niedrigen Temperaturen erfolgen.

Der unterschiedliche Wasserbedarf größerer oder wüchsiger Pflanzen im Vergleich zu kleinen oder langsam wachsenden Pflanzen kann durch die mit dem Substrat in Kontakt stehende Dochtmenge verändert werden. Höher angeordnete Pflanzen erhalten durch die dadurch bedingte größere Saughöhe weniger Wasser als tieferhängende Pflanzen.

Die Ebbe-Flut-Dochtbewässerung gestattet insbesondere den oberen Gewächshausraum voll auszunutzen, in dem eine Reihe auf gleicher Höhe angeordneter Bewässerungsrohre miteinander verbunden und durch nur ein Schwimmerventil und ein Magnetventil impulsweise mit Wasser- und Nährstoffen versorgt werden.

Herkömmliche Mattenbewässerung über Tropfschläuche für Topfpflanzen

Ebenso wie die Dochtbewässerung ist auch die Mattenbewässerung nicht neu. Vorläufer dieser automatischen Bewässerungsmethode sind der Torf- und der Sandanstau. Dabei stehen Tontöpfe in einer 5 bis 8 cm hohen nassen Torfschicht bzw. auf einer ca. 2 cm hohen Sandschicht. Die Feuchtigkeit wird über die Tontöpfe an das Substrat abgegeben. Die Methode wird auch heute noch als Urlaubs-Bewässerungsmethode im Hobbybereich in Verbindung mit einer Badewanne (Torf-Wasserspeicher) eingesetzt. Beim Sandanstau erfolgt die Bewässerung bzw. Sandbefeuchtung meist durch 5 bis 8 Tropfstellen je Quadratmeter.

Eine Weiterentwicklung ist die Matten-Anstaubewässerung mit Matten aus Synthetikfasern, die ein großes Wasser-Speichervermögen haben und gegen Algenbildung und Verschmutzung mit einer Nadellochfolie abgedeckt sind. Die Nadellöcher wirken als Kapillare, sie geben die Feuchte an die daraufgestellten Töpfe ab. Die Matten haben allerdings eine schlechte Kapillarität und verteilen das Wasser ungleichmäßig.

Statt der früher üblichen Matten aus Synthetikfasern werden bei Bewässerungsanlagen ohne Rezirkulation heute z. T. dünne Glasfaservliese (geschlossene Matten) verwendet, welche auf einer ebenen, wasserundurchlässigen und mit ca. 5 bis 10 mm hohen Rand versehenen Fläche liegen. Sie sind mit einer Nadellochfolie abgedeckt. Auch hierbei erfolgt die Bewässerung durch Tropfbewässerung.

Rezirkulationsanlagen mit Fließmatten auf einer 0,3 bis 2% geneigten Stellfläche erzeugen im Vergleich zu Fließrinnen ohne Matte eine gleichmäßigere Feuchte auf der Pflanzen-Stellfläche. Die Feuchte aller Matten-Bewässerungsanlagen läßt sich über ein Mattentensiostat steuern, dessen Einschaltpunkt bei 25 hPA und dessen Ausschaltpunkt bis 22 hPA liegen sollte.

Bewässerung mit Glasfasermatten, die sich selbst benässen (für Topfpflanzen)

Ebenso wie die Glasfaserdochte zeichnen sich die aus diesen gewebten Glasfasermatten durch besonders große Kapillarität aus. Im Unterschied zu herkömmlichen Synthetikmatten schlechter Kapillarität, die von oben benäßt werden müssen, erfolgt bei den aus Glasfasergarn hergestellten Matten eine Selbstbefeuchtung durch Eintauchen in Wasser oder Nährlösung. Da gelten die gleichen Gesetzmäßigkeiten im Hinblick auf die Saughöhe und die geförderte Wassermenge, wie bei den Glasfaserdochten: Je größer der Abstand zwischen Wasseroberfläche und Topf-Stellfläche und je nasser die Matte ist, um so weniger Wasser wird pro Zeiteinheit transportiert. Wird mit Hilfe einer Niveausteuerung, die an eine Wasserleitung oder an einen Hochbehälter angeschlossen ist, ein konstantes Wasserniveau erzielt und bleiben die Umweltbedingungen konstant, so hat die Matte eine gleichmäßige Feuchte und die daraufgestellten Töpfe werden gleichmäßig feucht.

Abhängig von der Mattenart und deren Kapillarität verringert sich die Mattenfeuchtigkeit bei größeren Entfernungen von der Eintauchstelle. Um das zu verhindern, wird bei größeren Stellflächen entweder die Matte in zwei gegenüberliegenden Randstreifen in die Nährlösung getaucht oder die Stellfläche erhält eine Neigung (0,25%), wodurch eine Wasserströmung (Wasserfilm) in der Matte in Richtung zur tiefer liegenden Stelle entsteht. Das dort in einer Rinne aufgefangene Wasser wird in einem geschlossenen Kreislauf zur Eintauchstelle zurückgefördert.

Abhängig von der bevorzugten Förderrichtung, der Mattenbreite und der Größe der Stellfläche, können die Matten auch überlappend angeordnet werden. Dabei sollte im Bereich der Überlappung ein Anpreßdruck durch aufgestellte Töpfe erzielt werden. Auf die Glasfasermatte wird eine Polyäthylen-Nadellochfolie gelegt, welche die Algenbildung und Verschmutzung der Matte verhindert. Hobbygärtner legen die Folie bevorzugt in Teilstücken auf die Matte, damit sie bei Verschmutzung leichter ausgewechselt oder zum Waschen entfernt werden kann.

Das umgestülpte Wassergefäß

Für den Hobbygärtner gibt es, in Verbindung mit den Glasfasermatten, eine sehr preisgünstige Urlaubslösung – soweit die Zahl der zu versorgenden Pflanzen nicht zu groß ist und ein entsprechend großes Wassergefäß zur Verfügung steht: Auf einer umgedrehten Gartentischplatte mit hochgezogenem Rand liegt eine Glasfasermatte mit Nadellochfolie, evtl. auch mit zwei Lagen Glasfasermatten mit um 90° gedrehter Vorzugsförderrichtung. Das Wassergefäß, z. B. ein großes Einweckglas (2 l oder größer) oder ein Gär-Ballon für die Wein-Herstellung wird mit Wasser gefüllt, mit einem Bierdeckel oder anderem stabilen Karton abgedeckt und blitzschnell um 180° gedreht auf die Tischmitte gestellt. Ebenso blitzschnell sollte dann die Pappe weggezogen werden und der Wasserbehälter fest auf Matte und Folie zu stehen kommen. Dabei gelangt Luft in das Gefäß und die von der Luft verdrängte Wassermenge benäßt die Matte solange, bis sich unter der Gefäßauflagefläche ein luftabschließender Wasserfilm gebildet hat. Dann werden die zu versorgenden Topfpflanzen auf die Folie gestellt. Sie entnehmen Wasser aus der Matte, wodurch der Behälterrand wieder Luft ins Innere läßt und die so erneut verdrängte Wassermenge dichtet wiederum den Behälterrand luftdicht ab.

Wer größeren Wasserbedarf hat und auch ohne Schwimmerventil bewässern will, kann für diesen Zweck eine luftdicht verschließbare Tonne verwenden, welche im unteren Bereich einen Absperrhahn besitzt, an dem ein Rohr oder Schlauch befestigt ist, der bis zur gewünschten Wasseroberfläche ragt. Bei geschlossenem Ventil wird die Tonne befüllt und anschließend luftdicht verschlossen.

Das umgestülpte Einweckglas als Wassergefäß auf einem Tisch mit Glasfasermatte. Es läuft so viel Wasser aus dem Gefäß nach, wie durch Pflanzen und Matte verdunstet werden

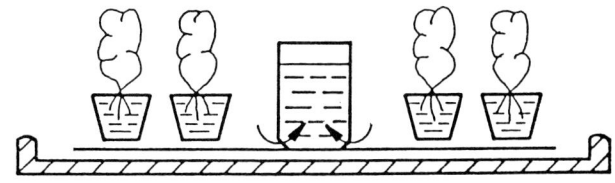

Dann wird das Ventil geöffnet. Was nun passiert, entspricht dem beim Wassergefäß erläuterten Vorgang: Wechselweise gelangt Luft in die Tonne, die die entsprechende Wassermenge solange verdrängt, bis das Wasserniveau den Lufteintritt ins Rohr verhindert.

Ventilausführung und -anordnung müssen die Luft problemlos in den oberen Bereich der Tonne gelangen lassen!

▶

Der Wasserstand in der Schale wird durch die mit Wasser gefüllte, luftdicht verschlossene Tonne auf einem bestimmten Niveau gehalten. Dadurch können Pflanzen über eine längere Zeit gleichmäßig mit Wasser versorgt werden

Wasser- bzw. Nährstoffentnahme aus Rinnen (für Topfpflanzen)

Die preisgünstigste Lösung der Mattenbewässerung ist die Wasserentnahme aus einer Rinne, die am Gewächshaustisch oder, zur Bewässerung größerer Bodenflächen, in den Boden eingebettet wird. Die ebene Pflanzenstellfläche (Platte oder Drahtgitter) wird mit einer Polyäthylenfolie belegt, wobei die Ränder etwas hochgezogen werden, damit dort kein Wasser ablaufen kann. Eine zweite Rinne dient bei geneigter Stellfläche an der tiefer liegenden Stelle zum Auffangen des Ablaufwassers.

Im Hobbybereich wird die Rinne meist von Hand befüllt. Der Erwerbsgärtner und der Hobby-Gewächshausbesitzer ergänzen das der Rinne entnommene Wasser bevorzugt über ein Schwimmerventil aus einem mit Regenwasser und Düngerlösung gefüllten Hochbehälter und notfalls aus der Wasserleitung (gegebenenfalls werden dann nährstoffbeladene Ionen-Austauscher, wie z.B. Lewatit HD 5, in die Rinne eingebracht). Die

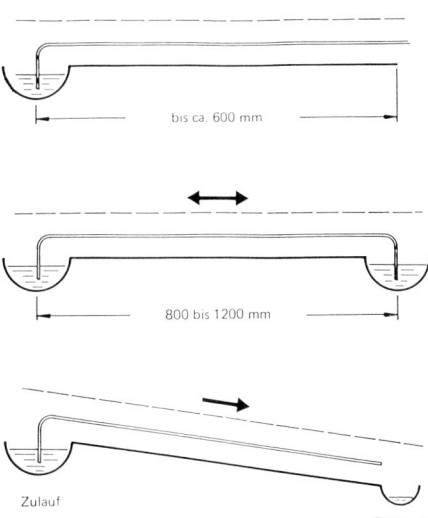

Prinzip der Mattenbewässerung über Rinnen bei horizontaler Tischfläche und einseitiger Rinnenaufhängung (oben), beidseitiger Rinnenaufhängung (Mitte) und geneigter Stellfläche (unten)

Glasfasermatte wird unter Beachtung der Vorzugsförderrichtung der Matte so auf die Stellfläche gelegt, daß der oder die Randstreifen bis zum Boden der Rinne reichen. Auf der darübergelegten Nadellochfolie stehen die Töpfe.

Bewässerungsschalen und -wannen für Topfpflanzen

Stellflächen in Hobby-Gewächshäusern, auf der Fensterbank in der Wohnung oder im Büro sowie Blumenkästen für Einzeltöpfe werden bevorzugt als Kunststoff-Bewässerungsschalen oder -wannen ausgebildet und besitzen in ca. 50 mm Höhe eine Kunststoff-Abstandsplatte oder ein auf Abstandshaltern ruhendes Draht- oder Kunststoffgitter. Die Außenabmessungen der Abstandsplatten oder -gitter sind ca. 30 mm kleiner als die Innenmaße der Schalen oder Wannen. Auf diesen liegt die Glasfasermatte, so daß zwei gegenüberliegende Randstreifen ins Wasser bzw. in die Nährlösung ragen. Der Wasservorrat von knapp 50 mm Höhe reicht aus, um Pflanzen ca. 14 Tage mit Wasser zu versorgen, wobei bei hohem Wasserstand die Saughöhe kleiner und damit die abgegebene Wassermenge größer ist als bei fast leerer Schale oder Wanne.

Größere Bewässerungsschalen oder -wannen können durch ein Schwimmerventil, das am Hochbehälter oder an der Wasserleitung angeschlossen ist, oder durch eine schwimmerlose Niveausteuerung befüllt werden.

Ebbe-Flut-Mattenbewässerung für Topfpflanzen

Liegt der Wasserspiegel, der eine Matte im Eintauchverfahren mit Wasser und Nährstoffen versorgt, gleichhoch oder höher als die Matte, so wird eine 100%ige Wassersättigung erreicht. Bei höherstehendem Wasserspiegel und entsprechender Tauchzeit kann sogar, nach dem Prinzip der kommunizierenden Ge-

Blumenkasten für die automatische Bewässerung von Topfpflanzen

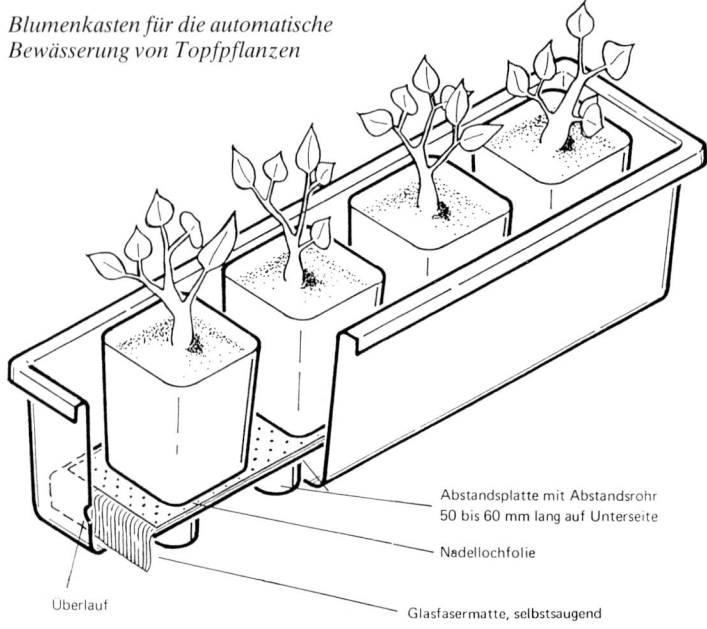

Abstandsplatte mit Abstandsrohr 50 bis 60 mm lang auf Unterseite

Nadellochfolie

Überlauf

Glasfasermatte, selbstsaugend

fäße, die Matte auf einer Fläche mit hochgezogenen Rändern im Wasser liegen. Diese Eigenschaft läßt sich für eine Ebbe-Flut-Mattenbewässerung ausnutzen. Wir erinnern uns: Bei der Ebbe-Flut-Bewässerung wird den Töpfen das Wasser mit zeitweiser Unterbrechung zugeführt, so daß die Erde einerseits vollständig befeuchtet wird und andererseits auch wieder abtrocknen kann. Beim Rinnen- und Wannen-Mattenbewässerungsverfahren ist diese Ebbe-Flut-Bewässerung nicht möglich, da der Wasserstand immer tiefer als die Matte liegt und somit keine 100%ige und damit schnelle Bewässerung der Töpfe erfolgen kann. Andererseits ist das Wasservolumen in der Rinne oder Wanne meist viel zu groß, um nach Erreichen einer großen Topffeuchtigkeit schnell auf Abtrocknen umzuschalten.

Zur Problemlösung wird deshalb eine ähnliche Methode angewendet, wie bei der Ebbe-Flut-Dochtbewässerung. Seitlich der Rinnenplatte oder der Wanne wird eine schmale, hohe Rinne mit kleinem Wasservolumen angeordnet, in welche die Matte ragt. Die Rinne wird an einen höhenveränderlichen Schwimmerventil-Behälter, ebenfalls mit kleinem Volumen, oder an eine schwimmerlose Niveausteuerung so angeordnet, daß im Zustand »Fluten« der Wasserspiegel in der Rinne gleichhoch oder höher als die eintauchende Matte liegt, und bei »Ebbe« die Rinne leer ist. Dabei kann der Zustand »Ebbe« durch Senken des Schwimmerventilniveaus unter den Rinnenboden erzielt werden, wobei die Rinne leerläuft, durch ein Absperrventil zwischen Schwimmerventil-Behälter und Rinne oder durch Abschalten der Pumpe der schwimmerlosen Niveausteuerung.

Die Höhenveränderlichkeit des Schwimmerventil-Behälters ermöglicht u. a. auch den Naß-Zustand der Matte den Umweltbedingungen anzupassen. Das Schalten des Wegeventils kann von Hand oder elektromagnetisch erfolgen, in letzterem Falle durch Öffnen oder Schließen eines Stromkreises über Zeituhr oder bevorzugt über Feuchtefühler in einem der bewässerten Töpfe.

Die Rinne wird durch Steckverbindungen über Schläuche mit dem Schwimmerventil-Behälter, der schwimmerlosen Niveausteuerung bzw. dem Absperr- bzw. Wegeventil sowie mit weiteren Bewässerungsschalen verbunden. Die Pflanzen stehen in Töpfen auf Matte und Folie, ohne Abstandsplatte. Die Schalen lassen sich leicht aus einer Gruppe von Schalen herausnehmen und transportieren.

Kombinierte Docht-Matten-Bewässerung für Topfpflanzen

In den vorangegangenen Abschnitten wurde bereits auf die Probleme bei der »Bewässerung von unten« durch die Ebbe-Flut-Bewässerung oder durch eine Matte hingewiesen.

Blumenkasten mit Bewässerungseinsatz für Topfpflanzen

Zur Beseitigung der durch die »Von unten-Bewässerung« entstehenden Nachteile bzw. Bewässerungsfehler sollte die Matten-Bewässerung mit der Docht-Bewässerung kombiniert werden, im einfachsten Falle durch Einstecken der Dochte von unten in den Topf, wodurch schlechter Kontakt zwischen Substrat und Matte beseitigt und eine gute Belüftung durch Drainage ermöglicht wird. Bei Pflanzen, die gegen Überfeuchte empfindlich sind, wie z. B. Orchideen, sollte mit Hilfe von Röhrchen die Wassergabe des Dochtes im unteren Topfbereich verhindert und nur im oberen Topfbereich vorgesehen werden, mit dem Nebeneffekt einer gleichmäßigen, optisch sichtbaren Feuchte im oberen Erdbereich sowie einer nachträglichen Feuchte-Regelmöglichkeit durch Verändern der mit dem Substrat in Kontakt stehenden Dochtmenge.

die Nährlösung ragen, liegen sie bei der kombinierten Docht-Mattenbewässerung zwischen Topf und Nadellochfolie. Bei Pflanzen mit geringem Längenwachstum der Wurzeln ist kein Unterschied im Kulturergebnis festzustellen, anders jedoch bei Wurzeln mit starkem Längenwachstum und der Neigung, durch die Löcher im Pflanzgefäß am Docht in Richtung Wasser zu wachsen. Hier ist deutlich ein Qualitätsunterschied festzustellen. Während bei mattenloser Bewässerung durch den Luftentzug der ins Wasser ragenden Wurzeln eine Qualitätsverschlechterung erfolgt, fühlen sich die zwischen Topf und Nadellochfolie oder z. T. in die Glasfasermatte wachsenden Wurzeln wegen des gleichzeitigen reichlichen Luftangebotes sichtlich wohl. Ein Entfernen einer lange auf einer Stelle stehenden Pflanze ist allerdings ohne Beschädigung oder Abreißen einiger Wurzeln kaum möglich.

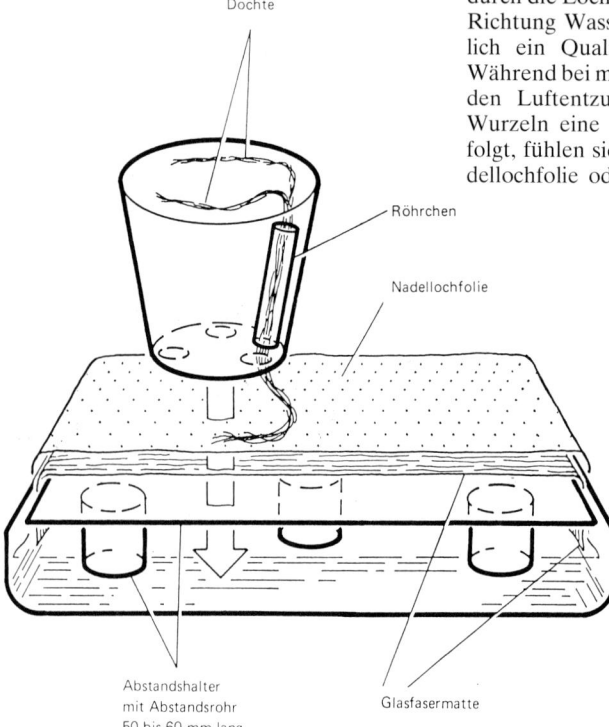

Prinzip der Docht-Matten-Bewässerung (System Ortmann)

Vergleich der Dochtbewässerung mit der kombinierten Docht-Mattenbewässerung

Blumenkästen aber auch andere Gefäße können wahlweise durch Dochte ohne und mit Matte bewässert werden. Während im ersten Falle die unteren Dochtenden durch Löcher im Pflanzgefäß direkt in das Wasser oder in

Ebbe-Flut-Docht-Mattenbewässerung für Topfpflanzen

Jede beliebige Fläche mit erhöhtem Rand oder jede beliebige Schale läßt sich mit einer feuchteregelbaren Naßfläche versehen, indem die Ebbe-Flut-Dochtbewässerung mit der Mattenbewässerung kombiniert wird. In die zu bewässernde Fläche werden im Abstand von ca. 200 bis 400 mm 10-mm-Löcher gebohrt und in diese Dochtröhrchen mit 10 mm Durchmesser und 100 mm Länge gesteckt, (8 bis 10 pro Quadratmeter) die untereinander und mit der Niveausteuerung verbunden sind. Mit Hilfe eines Hölzchens werden die Dochte bis zum T-Stück in die Dochtschläuche eingesteckt und auf der Stellfläche gleichmäßig verteilt. Eine Glas-

Das System ist von der Wirkung her mit der Ebbe-Flut-Mattenbewässerung vergleichbar, die Rinne wurde jedoch durch die Dochtröhrchen ersetzt. Die Schalen sind besonders für die Anwendung im Freien und für die Wasserversorgung durch Mini-Tauchpumpen und Überlaufbehälter geeignet.

Der Gartentisch als Blumentisch mit selbsttätiger Wasserversorgung über ein Schwimmerventil

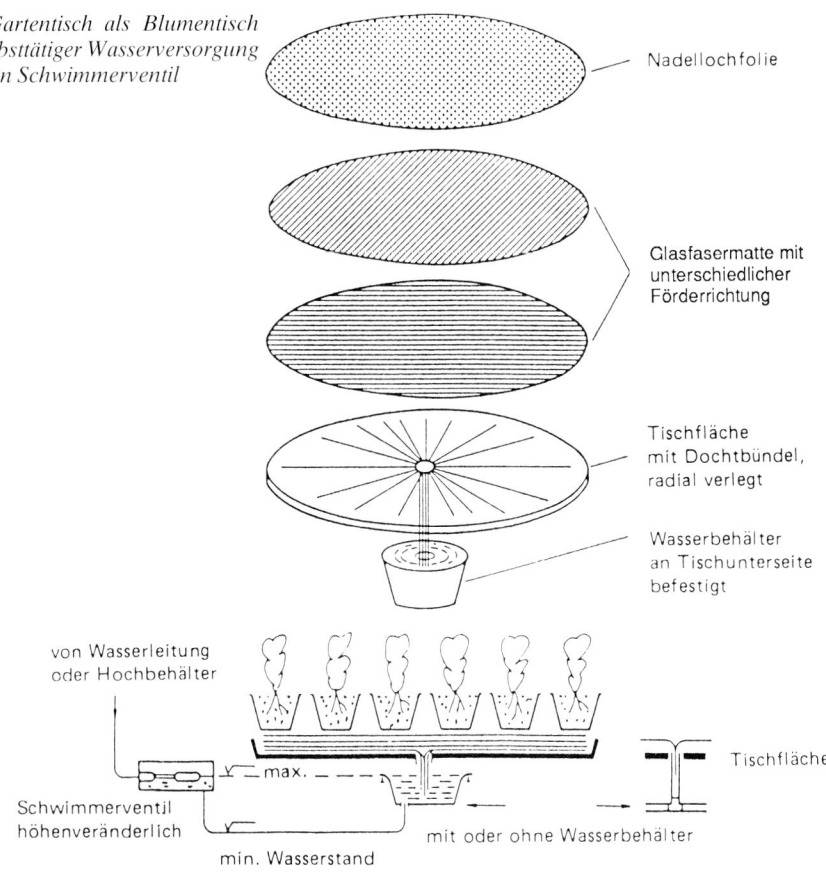

fasermatte darüber sorgt für die gleichmäßige Verteilung des über die Dochte zugeführten Wassers und für eine gewisse Speicherung. Die darüber gelegte Nadellochfolie schützt vor Algenbildung. Abhängig vom Wasserstand in den Dochtschläuchen und damit von der Saughöhe der Dochte wird die Matte weniger oder stärker naß.

Selbst bei länger anhaltendem Regen kann sich in der Schale kein stehendes Wasser auf der Matte bilden, da das Wasser durch den Überlaufschlauch im Überlaufbehälter abläuft. Nachteilig ist lediglich, daß die Schalen nicht auf die Erde gestellt werden können, sondern grundsätzlich ein Untergestell erfordern.

Bewässerungsschalen mit feuchteregelbarer Naßfläche; Ebbe-Flut-Docht-Mattenbewässerung (System Ortmann)

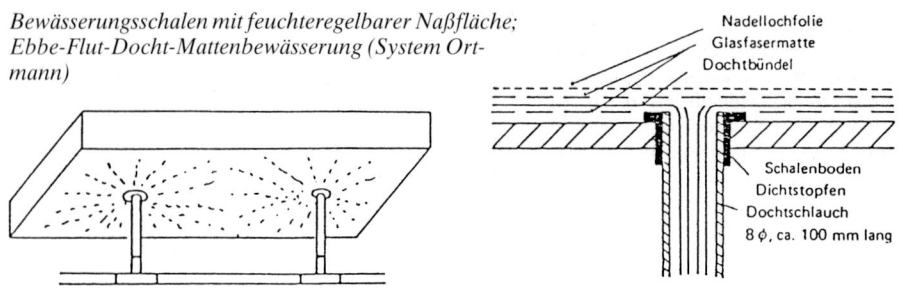

Bild 2 Docht- und Mattenanordnung

Bild 1 Verbindung der Dochtschläuche

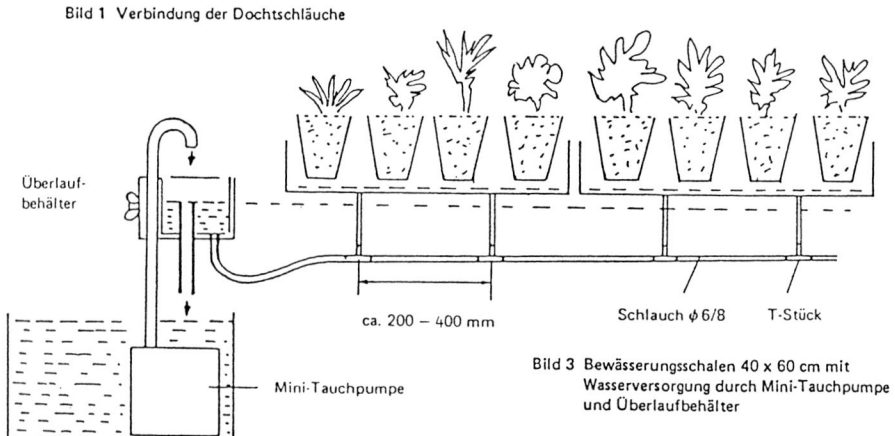

Bild 3 Bewässerungsschalen 40 x 60 cm mit Wasserversorgung durch Mini-Tauchpumpe und Überlaufbehälter

Pflanz- und Wassergefäße für Docht- und Mattenbewässerung

Im Unterschied zur Hydrokultur, wo Pflanz- und Wassergefäße eine Einheit bilden, sind bei der Docht- und Mattenbewässerung (mit Ausnahme der Ebbe-Flut-Mattenbewässerung) Pflanzgefäß und Wassergefäß getrennte Einheiten, die sich nahezu beliebig kombinieren lassen.
Ein wesentlicher Vorteil dieser Trennung besteht im leichten Wechsel der Pflanzgefäße. Dadurch ergeben sich besonders im Vergleich zur Hydrokultur unzählige Möglichkeiten,

Pflanzen unter optimalen Bedingungen anzuziehen und zu pflegen.
• **Töpfe:** Obgleich die Docht- bzw. Docht-Mattenbewässerung auch mit Tontöpfen möglich ist, wird man allgemein Kunststofftöpfe mit ebenem Boden und großen Löchern auf der Bodenseite bevorzugen. Bei der Mattenbewässerung ohne Dochte müssen die Töpfe einen flachen Boden ohne Rand haben. Bei Töpfen für Docht-Bewässerung spielt die Topfform eine untergeordnete Rolle, jedoch muß darauf geachtet werden, daß der Docht durch den Topf gegen die Matte gedrückt wird. Außerdem sind für Töpfe mit mehr als 1 l Volumen solche mit größerem Durchmesser und kleinerer Höhe gegenüber solchen

mit größerer Höhe zu bevorzugen. Die Topfgröße ist der Pflanzengröße anzupassen. Zu kleine Töpfe sind meist ebenso schlecht wie zu große. Vierecktöpfe können, insbesondere bei kleineren Pflanzen, die Stellfläche besser nutzen und die Verschmutzungsgefahr der Stellfläche verringern.

- **Übertöpfe:** Für die Dochtbewässerung von Einzelpflanzen im Hobbybereich sind praktisch alle im Handel befindlichen Übertöpfe gebräuchlich. Zwischen Topf und Übertopf ist lediglich ein ca. 2 bis 6 cm hoher Abstandhalter vorzusehen, auf dem die Pflanze steht. Der Docht ragt ins Wasser, die Pflanze darf nicht im Wasser stehen. Der Nachteil aller normalen Übertöpfe ist, daß das Nachfüllen des Wassers von Hand erfolgen muß. Bei Kunststoff-Übertöpfen besteht die Möglichkeit einer Wasserversorgung über Zusatzbohrungen und Schläuche durch getrennte Schwimmerventil-Behälter und Hochbehälter. Beim Kauf von Übertöpfen sollte man hohe Übertöpfe bevorzugen (Gesamthöhe: Topfhöhe + Höhe des Abstandhalters).

- **Blumenkästen:** Sie sind sowohl als Pflanzgefäß als auch als Wassergefäß geeignet. Als Pflanzgefäß werden die Blumenkästen am Bodenrand mit 4 bis 6 Löchern von 8 mm Durchmesser versehen, durch die die Dochte ohne oder mit Röhrchen eingezogen werden.

Zwei im Abstand von ca. 5 bis 6 cm übereinandergestellte Kunststoff-Blumenkästen sind z. B. als Balkonkästen für Dauerbewässerung geeignet. Der untere Kasten dient als Wassergefäß, der obere mit Dochten als Pflanzgefäß.

Eine Alternative zum Doppel-Blumenkasten ist die Verwendung einer Abstandsplatte in dem als Wassergefäß dienenden Blumenkasten und

Bewässerung von Topfpflanzen auf dem Fensterbrett ▼

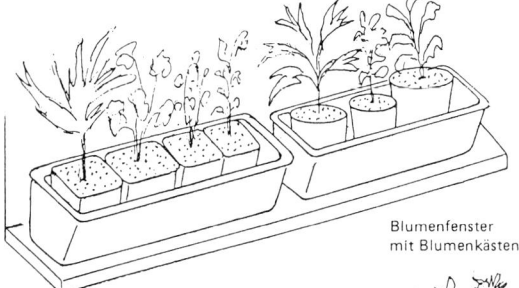

Blumenfenster mit Übertöpfen

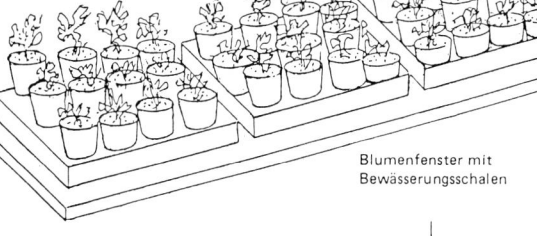

Blumenfenster mit Blumenkästen

Blumenfenster mit Bewässerungsschalen

Blumenfenster mit Bewässerungsschalen, verkleidet

einer Polyäthylen-Folie, die in den Ecken so eingeschnitten und gefaltet wird, daß sie an den Wänden des Blumenkastens anliegt und dadurch ein Pflanzgefäß bildet.

Die Wasserzuführung geschieht durch Dochte mit Dochtröhrchen zwischen Blumenkasten und Folie. Beim normalen 60-cm-Blumenkasten genügen 3 Dochtröhrchen mit je zwei Dochten (50 cm lang), so gefaltet, daß jeweils vier Dochtenden in der oberen Erdschicht zu liegen kommen. Die Dochtröhrchen verhindern, daß die Dochte zwischen Blumenkasten und Folie durch den Druck der Erde in ihrer Saugleistung verringert werden. Der Schnitt an den vier Folienecken muß bis zur Abstandsplatte reichen, so daß bei Regen das Wasser in den Blumenkasten und von dort durch eine Überlaufbohrung dicht unter der Abstandsplatte abfließen kann. Es sind hohe Blumenkästen zu bevorzugen.

Bei automatischer Befüllung über eine getrennt angeordnete Niveausteuerung sollte die Abstandsplatte eine möglichst geringe Höhe haben (20 mm), damit den Wurzeln genügend Erde zur Verfügung steht. Bei zusätzlichen Regenwasser-Abzugslöchern im Boden der Folie besteht die Gefahr, daß durch diese Löcher die Pflanzenwurzeln ins Wasser wachsen und dort Luftmangel haben.

Zum manuellen Einfüllen des Wassers sollte in einer Blumenkastenecke ein ca. 20 mm dickes Rohr vorgesehen werden, in das gleichzeitig zur Füllstandskontrolle ein Füllstandsanzeiger gesteckt wird.

In den als Wassergefäß dienenden Blumenkasten kann aber auch eine ca. 5 bis 6 cm hohe Abstandsplatte mit Glasfasermatte und Nadellochfolie gestellt werden, so daß praktisch eine Mini-Mattenbewässerung für Einzeltöpfe entsteht. Normale Blumenkästen können bis ca. 15 cm große Blumentöpfe aufnehmen. Besonders interessant ist diese Kombination zur Anzucht von Blüten- und Gemüsejungpflanzen. Ein 60-cm-Blumenkasten nimmt z. B. 16 7-cm-Töpfe auf. Der Autor bevorzugt wegen der besseren Platzausnutzung Vierecktöpfe.

Im Freien angeordnete, als Wassergefäß dienende Blumenkästen müssen in ca. 5 cm Höhe einen Regenwasser-Überlauf haben. Sie können über Schwimmerventile automatisch befüllt werden, wobei ein Schwimmerventil für bis zu 10 Blumenkästen ausreicht (siehe Kap. 7, Abschnitt Ebbe-Flut-Dochtbewässerung von Blumenkästen und Kap. 3, Steuerung und Regelung der Bewässerung).

- **Bewässerungsschalen und -wannen:** Ob rund, vier- oder sechseckig, groß oder klein, jede wasserfeste Schale läßt sich als Wasser- oder Pflanzgefäß verwenden. Aus Gewichtsgründen sollten die Pflanzgefäße allerdings nicht zu groß sein, außerdem sollte die Pflanzgefäßhöhe der Pflanzengröße bzw. Wurzelmenge angepaßt sein.

Bei Abstandsplatten ab 60 mm Höhe kann auch nachträglich ein Schwimmerventil für ein konstantes Wasserniveau eingebaut werden, wodurch die Pflanzen sich wochen- oder monatelang selbst versorgen, soweit Hochbehälter oder Wasseranschluß die nötige Wassermenge zur Verfügung stellen.

Für Hobby-Gewächshäuser haben sich Bewässerungsschalen von $40 \times 60 \times 7{,}5$ cm mit Abstandsplatte, Matte und Folie bewährt. Sie sind handlich und können sowohl einzeln als auch längs- oder querseitig durch Hohlschrauben oder durch 8-mm-Schläuche und Dichtkegel zu größeren, durch Schwimmerventil auf gleichmäßiges Wasserniveau gehaltenen Einheiten verbunden werden. Für die Fensterbank gibt es entsprechend kleinere Bewässerungsschalen.

- **Kübel und Eimer:** Wie bereits im Abschnitt »Grundlagen« beschrieben, ist die Docht-Förderhöhe auf ca. 20 bis 30 cm beschränkt. Je größer die Saughöhe ist, um so weniger Wasser wird bei gleicher Dochtmenge gefördert. Aus diesem Grunde ist jede Bewässerung von Kübeln oder Eimern durch Dochte von unten nur ein Kompromiß, denn zwischen unterer und oberer Erdschicht entsteht eine stark unterschiedliche Feuchtigkeit, im Extremfalle Übernässe unten, Trockenheit oben.

Für Kübel und Eimer sollte deshalb grundsätzlich die »Docht-von-oben-Bewässerung« eingesetzt werden.

Die automatische Wasser-Versorgung erfolgt zweckmäßig nach dem Ebbe-Flut-Dochtbewässerungssystem, d. h. mit höhenveränderlichem Schwimmerventil.

Während Bäumen, Sträuchern, Stauden und dem Rasen auch nach längeren Trockenphasen noch ausreichend Wasser aus tieferen Bodenschichten nachgeliefert wird, sind Topf- und Balkonkastenpflanzen von diesem Wasserreservoir abgeschnitten. Warme Sommertage überstehen sie deshalb meist nicht ohne zusätzliche Wassergaben

- **Pikierschalen:** Die auf die Matten gesetzten Pikierschalen sollten nicht zu groß sein und auch nicht zuviel Bodenlöcher haben, aus denen Erde herausdrückt, andernfalls muß mit einer Übernässung der Erde gerechnet werden. Im Hinblick auf die geringe Erdhöhe in Pikierschalen ist auch Vorsicht vor zu vielen Dochten geboten. Die Fördermenge der nur 1 mm dünnen Glasfaserdochte wird vielfach unterschätzt. Es empfiehlt sich auf jeden Fall, die Dochtmenge erst in Kleinversuchen zu ermitteln (siehe hierzu auch Kap. 11).

8 Wasserversorgung

Auffangen und Speichern von Regenwasser

Grundsätzlich ist das von einem Gewächshaus- oder Glasdach aufgefangene Regenwasser besser als das von einem Hausdach mit Ziegel-Abdeckung, da sich in den rauhen Dachziegeln über längere Zeit mehr Schmutz und Schadstoffe ansammeln als auf den glatten Glas- oder Kunststoffdächern. Noch schlechter sind Dachpfannen aus Beton. Ebenso sind Kunststoff-, Kupfer- oder Aluminium-Dachrinnen und -rohre den Zink-Dachrinnen und -rohren vorzuziehen, da letztere im Laufe der Zeit Schadstoffe an das Wasser abgeben.

Hobbygärtner speichern das Regenwasser bevorzugt in einem frostfreien Keller oder im Gewächshausboden, so daß möglichst keine Pflanzen-Stellfläche verloren geht, das Wasser im Winter nicht einfrieren kann und sich der Wasserspeicher gelegentlich reinigen läßt. Gärtnereien sehen aus Kostengründen bevorzugt Erdbecken im Freien vor, die mit einer Teichfolie wasserfest gemacht sind. Neuere Tendenzen zielen aber auch hier auf Unterbringung betonierter Speicher im Gewächshausboden ab, wobei ein Teil der Speicher bereits für Düngelösungen vorgesehen ist. Als Faustformel für die zu speichernde Wassermenge gilt: je Quadratmeter Anbaufläche 100 l Wasser. Darin sind regenfreie Perioden berücksichtigt.

Der einschlägige Handel bietet für die Dachrinnen-Fallrohre Zwischenstücke an, die eine Überfüllung der Behälter verhindern, sowie Steinwolle- oder Kies- und Sandfilter zum Abscheiden von Schmutzstoffen.

Hobbygärtner verwenden als Erdspeicher bevorzugt Kunststoff-Tonnen mit 150 bis 200 l Fassungsvermögen, welche untereinander durch Rohre oder Schläuche verbunden sind. Im einfachsten Falle genügt ein mit Wasser gefüllter Schlauch, der in das Wasser benachbarter Tonnen gesteckt wird und diese dadurch als kommunizierende Gefäße verbindet. Die Schlauchenden sollen bis zum Boden reichen. Die Wasserentnahme erfolgt aus

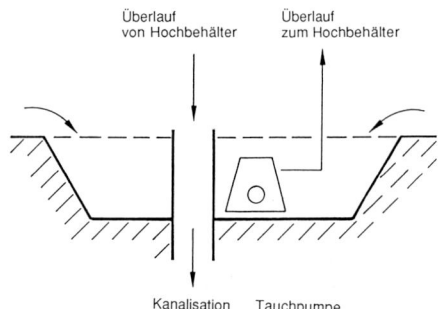

Das Regenwasser, das sich im »Pumpensumpf« des Dachgartens sammelt, wird durch eine Tauchpumpe, die sich niveauabhängig automatisch ein- und ausschaltet, in einen Hochbehälter gepumpt

dem Behälter, der vom Zufluß am weitesten entfernt ist.

Auf einem Flachdach fällt bei Dauerregen eine Menge Regenwasser an, das normalerweise in die Kanalisation abläuft. Das Problem ist, wie bekommt man dieses Wasser in einen genügend großen Hochbehälter?

Bei einem Neubau ist das einfacher zu realisieren als bei einem Altbau. Eine Lösung sieht folgendermaßen aus: An der Wasserablaufstelle des Daches wird ein Wassersumpf vorgesehen, in dem das Regenwasser eine Höhe von 20 cm oder mehr erreicht. Die Abmessungen brauchen nur so groß zu sein, daß

Regenwasser-Speicherung über eine Fallrohr-Automatik (Jupa-Füllautomat)

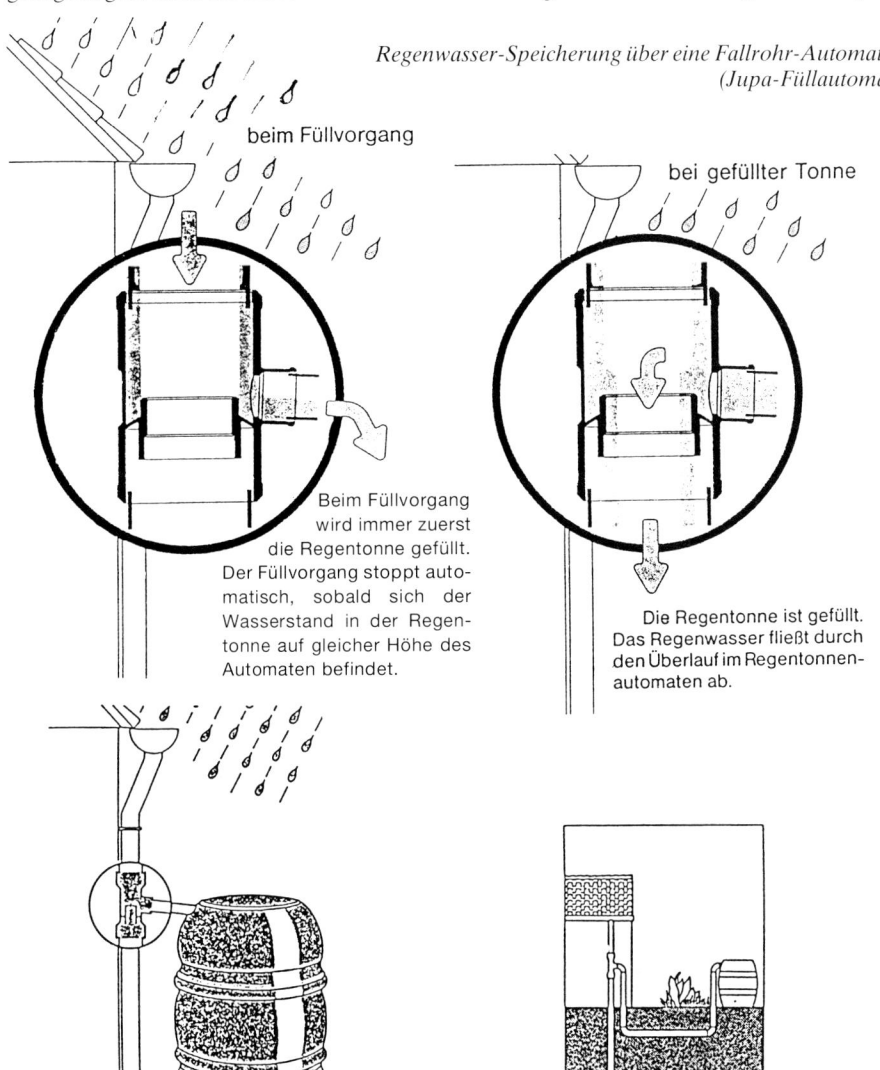

eine Tauchpumpe (Keller-Entwässerungspumpe) mit Schwimmerschalter darin Platz hat. Der Druckschlauch dieser Pumpe führt zum Hochbehälter, der ebenfalls mit einem Schwimmerschalter für maximalen Füllstand ausgestattet ist. Bei Regen füllt sich der Sumpf, die Pumpe schaltet sich so lange selbsttätig ein, bis der Behälter gefüllt ist. Wenn aus dem Sumpf kein Wasser entnommen wird, sorgt der Überlauf in die Kanalisation dafür, daß keine Überschwemmung entsteht.

Der eigene Brunnen

Bei der Bewässerung größerer Gärten mit Leitungswasser können auch dessen Kosten erhebliche Dimensionen annehmen. Unabhängig davon, ist es einer Überlegung Wert, ob man nicht zur Gartenbewässerung, so weit wie möglich, auf Leitungswasser verzichten sollte, um die kommunalen Wasserwerke zu entlasten. Steht nicht genügend Regenwasser zur Verfügung, bleibt als Ausweg, einen eigenen Brunnen zu bohren, das Wasser im Zwischenspeicher von der Umgebungsluft erwärmen zu lassen und über ein Hauswasserwerk in die Bewässerungsanlage zu speisen. Vor Beginn einschlägiger Planungsarbeiten sollte man sich allerdings zunächst einmal über die Höhe des Grundwasserspiegels, die Beschaffenheit des Untergrundes und die zu erwartende Wasserqualität informieren. Liegt der Grundwasserspiegel nicht tiefer als ca. 7 m und sind die übrigen Bedingungen normal, wird ein Rammbrunnen gebohrt, d. h. ein verzinktes Stahlrohr, $1^{1}/_{4}''$, mit einer Filterspitze in die wasserleitende Erdschicht gebracht. Am oberen Ende wird über ein Rückschlagventil die den Zwischenspeicher füllende Pumpe angeschlossen. Der Zwischenspeicher sollte so groß sein, daß die Wassermenge im Hochsommer für einen vollständigen Bewässerungsvorgang ausreicht.

Hochbehälter, Befüllen und Düngerbeigabe

Hochbehälter haben den Vorteil, daß mit ihrer Hilfe eine einfache, kostengünstige Beimengung von Dünger möglich ist, gleichzeitig paßt sich, im Unterschied zu Erdspeichern, die Wassertemperatur der Raumtemperatur an, so daß, insbesondere beim Sprühen, keine Blattschäden durch zu kaltes Wasser entstehen können. Wird eine halb- oder vollautomatische Befüllung der Hochbehälter geplant, ist deren Größe so vorzusehen, daß ihr Inhalt möglichst für einen Tag reicht.

Die Befüllung der Hochbehälter aus den Erdspeichern erfolgt im einfachsten Falle mit Hilfe einer mit Schwimmerschalter ausgestatteten Tauchpumpe im Erdspeicher. Der Schwimmerschalter verhindert einen Trockenlauf der Pumpe bei leerem Speicher. Der Hochbehälter ist an die Rohr- oder Schlauchleitung fest angeschlossen. Die Pumpe wird von Hand ein- und über Schwimmerschalter und Speicherrelais abgeschaltet − bei vollautomatischer Steuerung − bei minimalem Füllstand ein- und bei maximalem Füllstand abgeschaltet. Neuartige Schwimmerschalter besitzen nur einen Schwimmer für minimalen und maximalen Füllstand und erfordern kein Zusatz-Speicherrelais, da der Schwimmer eine mechanische Speicherung des letzten Schaltzustandes besitzt. Die Befülleitung läßt sich mit einer Stichleitung in einen Behälter mit Düngelösung in der Weise kombinieren, daß über eine Venturidüse automatisch eine einstellbare Menge Düngelösung angesaugt und mitgefördert wird. Wird statt der Tauchpumpe eine Pumpe mit Druckschalter und Druckspeicher (Hauswasserwerk) verwendet, welche über einen Saugschlauch mit Rückschlagventil aus dem Regenwasser-Behälter saugt, können die Wasserverbraucher über 20 mm-PVC-Rohre und handbetätigte Absperrventile (Kugelhähne) direkt angeschlossen werden. Letztere dienen nur zum Absperren einzelner Anschlüsse für Wartungsarbeiten. Wasserverbraucher sind Schwimmerventile, Sprühgeräte und dergleichen. Bei Dünger-Beigabe in den Regenwasser-Behälter erübrigt sich ein Hochbehälter. Werden Regenwasser-Speicher im Freien oder solche ohne Abdeckung verwendet, ist der Einbau eines zusätzlichen abgedeckten Hochbehälters zu empfehlen. Der Behälter erhält ein Schwimmerventil als Füllstandsbegrenzung. Dünger-Beigaben sind ggf. regelmäßig vorzunehmen.

Anschluß der Leitungen

Alle auf gleiches Wasserniveau zu haltenden Wassergefäße können durch Schnellsteckverbindungen verbunden werden, die aus 2 Kunststoff-Dichtkegeln und einem Rohr oder Schlauch (6/8 mm Durchmesser) bestehen, wobei die Bohrung 10 mm Durchmesser hat. Durch die Kegelform des Dichtkegels entsteht eine dichte Verbindung ohne Verwendung zusätzlicher Dichtmittel.

Eine mechanisch geschützte lösbare Verbindung für Schläuche mit 6/8 mm Durchmesser und 10 mm Bohrungen erfolgt durch Klemmverschraubungen. Diese haben einerseits ein Außengewinde (M 10 × 1) und eine dazu passende Mutter, so daß sie am Behälter fest verschraubt werden können. Nach Einschieben des Schlauches wird die Klemmutter angezogen, dabei werden die Klemmbacken fest gegen den Schlauch gedrückt, so daß sich dieser nicht unbeabsichtigt lösen kann. Bei kurzen Leitungslängen, bis ca. 10 m, erfolgt die Verbindung der Wasserverbraucher untereinander und mit dem Niveausteuergerät durch Schläuche von 6/8 mm Durchmesser, die entweder linear oder als Ringleitung verlegt werden, wobei die Abzweigungen über T- oder Kreuz-Stücke vorgenommen werden. Bei größeren Leitungslängen sind PVC-Rohre, 16 mm oder größer, als Hauptleitungen vorzusehen. Die Anschlußschläuche von 6/8 mm werden bevorzugt mit Hilfe von Dichtkegeln wasserdicht angeschlossen.

Aus optischen Gründen empfiehlt es sich mitunter, die Hauptleitungen im Boden oder auf der Erde zu verlegen und die Niveausteuerung verdeckt, in größerer Entfernung von der zu bewässernden Anlage, vorzusehen. Hat ein Gewächshaus mehrere Stellflächen mit unterschiedlichen Höhen und ist die Anordnung und Befüllung eines Hochbehälters mit Regenwasser problematisch, empfiehlt es sich, eine Pumpe mit Druckschalter und Druckspeicher (Hauswasserwerk) vorzusehen, die direkt aus einem Regenauffang-Tiefbehälter saugt und an der eine festverlegte Rohrleitung angeschlossen ist. Empfehlenswert sind PVC-Rohre und Klebe-Fittings von 20 mm Durchmesser mit Abzweig- bzw. Entnahmestellen durch einen handbetätigten Kugelhahn. An diesen werden für Be-

Anbringung von Leitungs-Schläuchen an den Wasserbehälter

Steckverbindung mit Dichtkegel
und Schlauch 8 mm Außendurchmesser

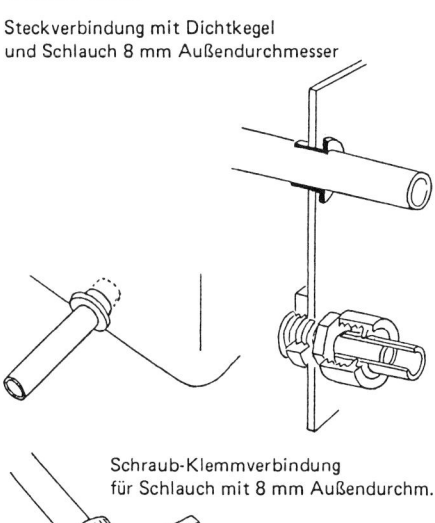

Schraub-Klemmverbindung
für Schlauch mit 8 mm Außendurchm.

Nach dem Anzug der Kappe

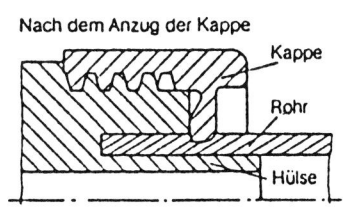

Kappe bis zum Anschlag aufgeschraubt.

Anschlüsse und Fittings für Schläuche mit einem Durchmesser von 8 mm und Rohre mit einem Durchmesser von 16 mm (PVC-Rohre werden bevorzugt geklebt)

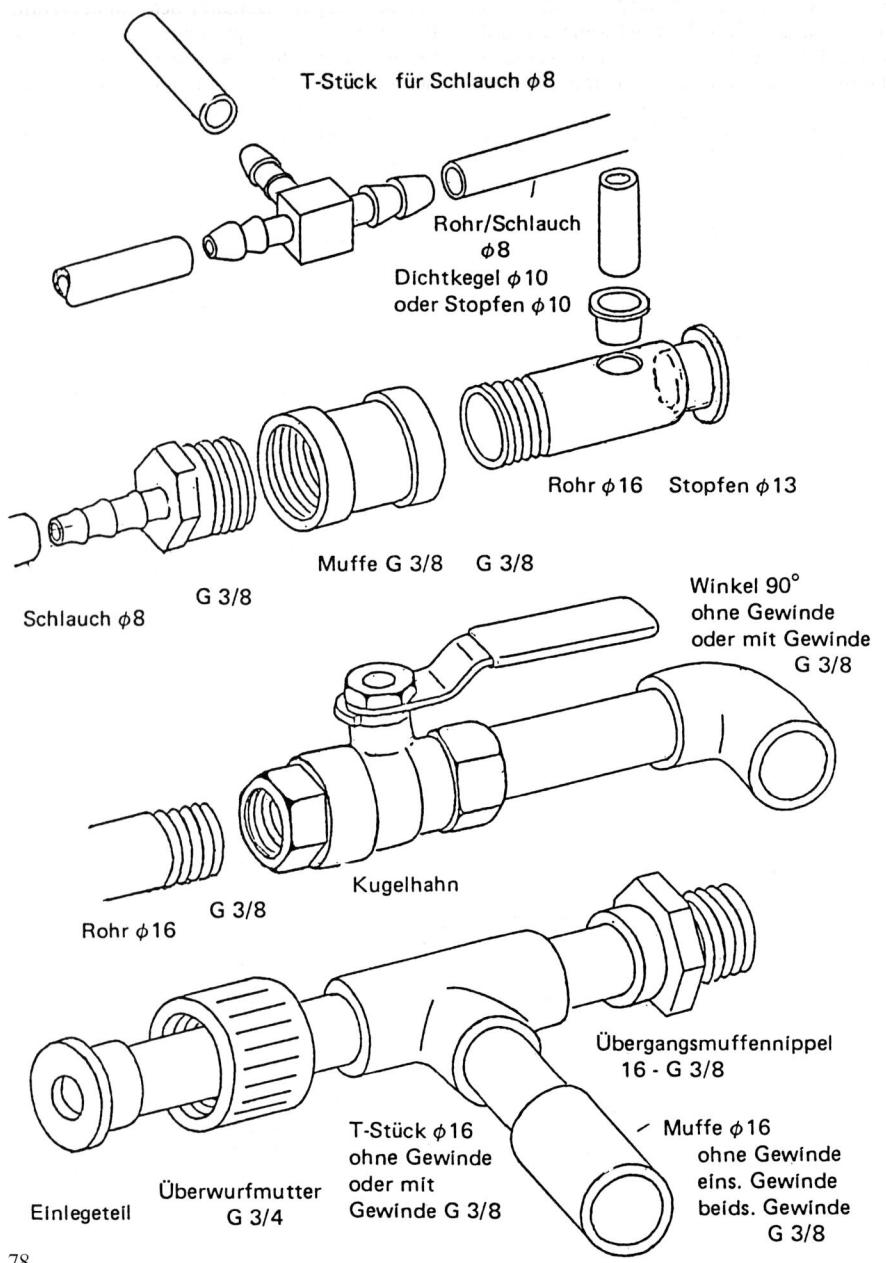

wässerungsschalen die eingebauten Schwimmerventile bzw. für Ebbe-Flut-Dochtbewässerung und Ebbe-Flut-Mattenbewässerung die höhenveränderlichen Schwimmerventile in Behälter angeschlossen. Deren Ausgänge sind direkt oder über Magnetventile mit den einzelnen Bewässerungspumpen verbunden. Gleichzeitig kann an dieses System über Schlauch eine Sprühpistole mit Sprührohr und Düse angeschlossen werden.
Bei Einschalten der Pumpe erhöht sich der Druck auf ca. 2 bis 4 bar, wodurch die Pumpe abschaltet. Bei Wasserentnahme sinkt der Druck auf einen niedrigeren Wert, dabei schaltet die Pumpe wieder ein. Der Druckbehälter reduziert die Einschalthäufigkeit der Pumpe. Dem Regenwasser kann Dünger beigefügt werden. An der höchsten Stelle der Rohrleitung ist ein Entlüftungsventil vorzusehen.

Niveau-Steuergeräte

Niveau-Steuergeräte haben die Aufgabe, ein Flüssigkeitsniveau konstant zu halten. Sie können ohne oder mit Schwimmer arbeiten. Eingebaute Schwimmerventile sind Bestandteil des auf Niveau zu haltenden Wasserbehälters, aus dem Dochte oder Matten das Wasser saugen. Behälter-Schwimmerventile bestehen aus einem getrennten Wasserbehälter mit eingebautem Schwimmerventil.
Schwimmerlose Niveausteuergeräte arbeiten mit Aquarien-Tauchpumpen in Verbindung mit Überlaufbehältern, die ihrerseits höhenveränderlich mit den auf Niveau zu haltenden Behältern verbunden sind.
Alle drei Möglichkeiten werden im folgenden beschrieben.

• **Schwimmerventile** sind Absperrorgane, die im Unterschied zu Ventilen, die von Hand, mechanisch oder über Magnetventile abgesperrt werden, mit Hilfe eines auf der Wasseroberfläche ruhenden Schwimmers geöffnet oder geschlossen werden und dabei das Zuflußmedium, in unserem Falle Wasser, in den auf Niveau zu steuernden Behälter freigeben oder sperren. Der Schwimmer ist an einem langen Hebelarm drehbar befestigt. An einem rechtwinklig dazu angeordneten kleinen Hebelarm sitzt eine Gummischeibe, die bei zu niedrigem Niveau den Wasserdurchfluß durch eine Bohrung in den Behälter freigibt und diesen Durchfluß bei Erreichen des Niveaus sperrt.

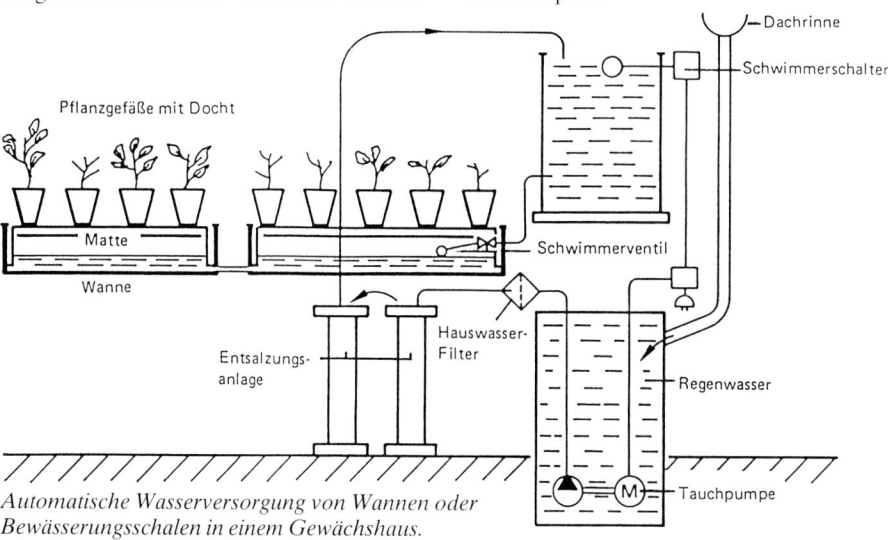

Automatische Wasserversorgung von Wannen oder Bewässerungsschalen in einem Gewächshaus.
Die Entsalzungsanlage ist nur bei stark salzhaltigem Regenwasser empfehlenswert

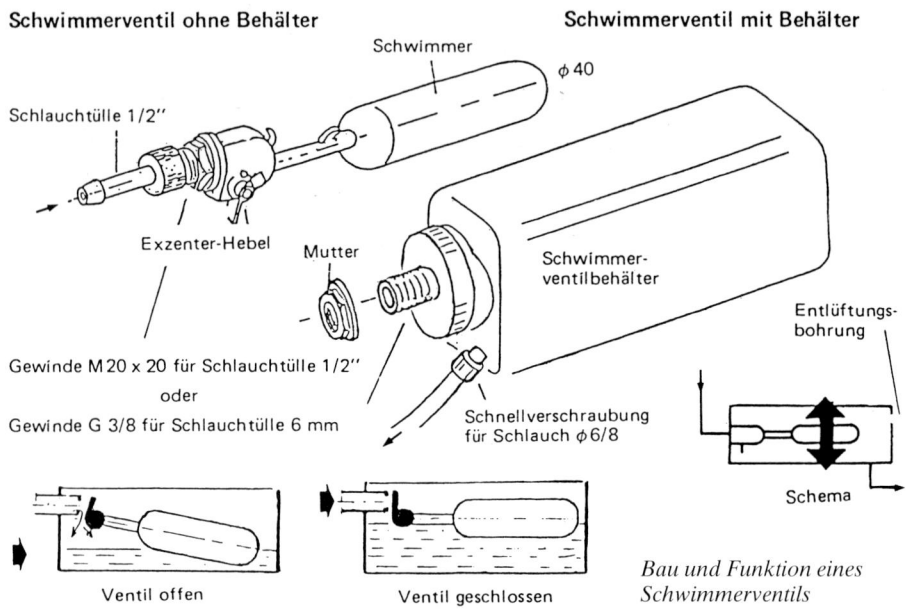

Bau und Funktion eines Schwimmerventils

Wird kein 100%ig sauberes Wasser verwendet oder besteht während der Benutzung die Gefahr der Verschmutzung, ist ein Sieb-Vorfilter zu benutzen, das von Zeit zu Zeit zu reinigen ist. Die Öffnungs-Nennweite des Schwimmerventils beträgt ca. 3 mm.
Für die Ebbe-Flut-Bewässerung mit höhenveränderlichem Schwimmerventil hat sich die Anordnung des Ventils in einer Viereck-Kunststoffflasche (80 × 80 × 220 mm mit 50 mm Schraubdeckel) bewährt, insbesondere auch wegen des kleinen Volumens und geringen Platzbedarfs. Der Wasseranschluß ist entweder als Schlauchtülle für die meistgebräuchlichen $1/2''$-Schläuche oder für Schläuche mit 8 mm Außendurchmesser und 6 mm Innendurchmesser (6/8 mm Durchmesser) vorgesehen. Für die Wasserentnahme nach dem Prinzip der kommunizierenden Gefäße hat der Behälter im unteren Bereich eine 10-mm-Bohrung für die bereits beschriebene Schnellsteckverbindung zur Verbindung von Schläuchen mit 6/8 mm Durchmesser. Eine zweite gleichgroße Bohrung dient der Entlüftung und, über Schlauch, der Wasserableitung aus den nachgeschalteten Gefäßen, wenn der Schwimmerventilbehälter gesenkt wird.
Das Heben und Senken des Schwimmerventils erfolgt bevorzugt manuell. Bei zeit- oder feuchtegesteuerten Anlagen wird vor oder hinter dem Schwimmerventilbehälter ein Magnetventil vorgesehen.

• **Schwimmerlose Niveau-Steuergeräte:**
Schwimmerventile erfordern einen Mindest-Wasserdruck durch Anschluß an eine Wasserleitung, einen Hochbehälter oder eine Pumpe mit Druckspeicher und Druckschalter. Die Wasserversorgung durch Anschluß an die Wasserleitung ist nicht nur teurer als die Verwendung von Regenwasser, sondern auch problematisch im Hinblick auf die Sicherheit gegen Leitungsbruch. Andererseits sehen Hochbehälter mitunter unschön aus. Die Dünger-Beimischung und Befüllung ist erschwert. Nicht zuletzt sind Schwimmerventile, insbesondere bei geringem Wasservordruck, empfindlich gegen Verstopfung durch Schmutz, Mikroorganismen oder Algen.
Eine Alternativ-Lösung ist die Verwendung schwimmerloser Niveau-Steuergeräte in Ver-

Ebbe-Flut-Dochtbewässerung von Blumenkästen mit Hochbehälter, höhenveränderlichem Schwimmerventilbehälter, Magnetventil und Zeitschaltuhr

bindung mit Wasser- bzw. Nährlösungs-Vorratsbehältern, bevorzugt auf oder in der Erde oder auf dem Balkon. Eine Mini-Tauchpumpe im Behälter fördert die Nährlösung in einen Überlaufbehälter oberhalb des Vorratsbehälters. Mit Hilfe eines im Überlaufbehälter befindlichen Überlaufrohres wird in ersterem ein konstantes Wasserniveau erzielt. Zuviel gefördertes Wasser kann deshalb durch das im Vergleich zum Druckrohr dickere Überlaufrohr in den Vorratsbehälter zurückfließen. Ein kommunizierender Anschlußschlauch stellt die Verbindung mit dem

◄

Ein Füllstandsanzeiger wird für die Ebbe-Flut-Dochtbewässerung am letzten Blumenkasten angebracht. Gegen Veralgung wird über den Schlauch ein undurchsichtiges PVC-Rohr geschoben

81

*Schwimmerlose Niveau-
Steuerungseinrichtung* ▼

*Bewässerung nach dem Kaskadenprinzip mit
der schwimmerlosen Niveausteuerung.*

1 = *Ebbe-/Flut-Dochtbewässer. v. Blumenkästen, Ampelpflanzen, Kübelpflanzen*

2 = *Doppel-Blumenkästen*

3 = *Bewässerungsschalen oder Blumenkästen
mit Einsatz*
▼

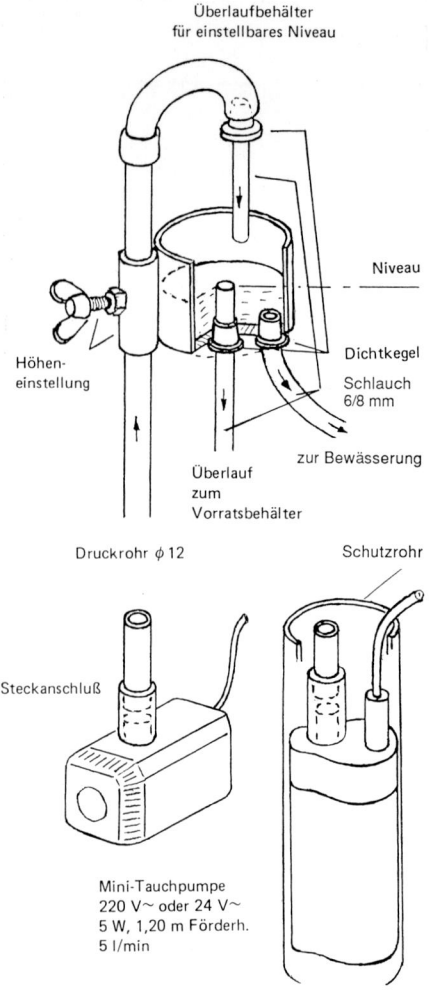
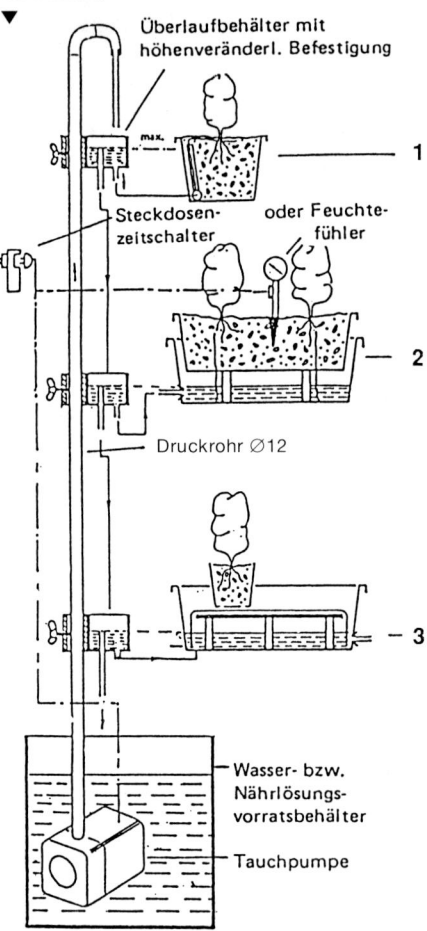

auf Niveau zu haltenden Wasserbehälter für
die Docht- oder Mattenbewässerung her. Das
Überlaufrohr ist durch eine Weichplastik-
Dichtung beliebig tief im Überlaufbehälter

einschiebbar. Entsprechend verändert sich
das geregelte Wasserniveau.
Sind mehrere Bewässerungsanlagen für
Topf- oder Kübelpflanzen bzw. Blumenkä-

Schwimmerlose Niveausteuerung (Kaskadenprinzip): Der höhenveränderliche Überlaufbehälter bestimmt das Niveau in dem zu befüllenden Gefäß. Das Überlaufwasser fließt in den nächsttieferen Überlaufbehälter oder in den Vorratsbehälter zurück. Dem Wasser im Vorratsbehälter (mit Schwimmerventil) kann Dünger zugemischt werden

sten mit unterschiedlichem Niveau automatisch mit Wasser oder Nährlösung zu versorgen, sollte bevorzugt eine schwimmerlose Niveausteuerung nach dem Kaskadenprinzip verwendet werden. Diese Anlagen sind platzsparender und preisgünstiger. Im Unterschied zur Normalausführung wird ein 12-mm-Druckrohr mit 180°-Bogen verwendet, das gleichzeitig zur höhenveränderlichen Befestigung der Überlaufbehälter dient. Zur Veränderung des Wasserstandes in dem auf Niveau zu haltenden Gefäß wird also nicht der Überlaufschlauch unterschiedlich tief in den Überlaufbehälter eingeschoben, sondern der gesamte Überlaufbehälter höhenverändert. Das Überlaufwasser des obersten Überlaufbehälters fließt in den darunter versetzt angeordneten Behälter und von diesem, nach Erreichen des Soll-Niveaus, in den nächsttieferen usw. Der unterste Überlaufbehälter gibt das Restwasser an den Nährlösungs-Vorratsbehälter, in dem die Pumpe steht, ab. Bedarfsweise, d. h. wenn das Wasserniveau zweier Wasserverbraucher sich nur um wenige Zentimeter unterscheidet, muß ein zweiter Wasser-Zu- und Ablauf geschaffen werden.

Der Stromverbrauch der Tauchpumpe ist bei einer maximalen Förderhöhe von ca. 1,2 m mit ca. 4 bis 5 W sehr klein. In der Praxis wird man die Pumpe an eine Zeitschaltuhr anschließen und die Einschaltzeit ein- oder mehrmals am Tage auf eine Viertelstunde begrenzen. Bei Anlagen im Freien wird die Einschaltzeit den Witterungsbedingungen angepaßt.

Pflanzen an Hängen, die nach Süden exponiert sind, leiden im Sommer häufig unter Trockenheit. Hier sind deshalb fest installierte Bewässerungseinrichtungen zu empfehlen

Eine noch bessere Steuerung der Pumpen-Einschaltzeiten läßt sich durch einen Feuchtefühler erzielen, der in die Erde gesteckt bzw. auf die Matte gesetzt wird. Abhängig vom Saugdruck der Erde oder der Matte wird die stromführende Phase der Pumpen-Zuleitung mit dem Netz verbunden oder von diesem getrennt. Anlagen mit Feuchtefühler sollten bevorzugt mit Niederspannung, 12 V oder 24 V, betrieben werden.

Die von den Pumpen geförderte Wassermenge kann u. U. zu groß sein. Abhilfemaßnahmen sind Spannungsverringerung, Unterlegscheiben als Drossel zwischen Pumpe und Druckrohr oder Verringerung der Wassermenge durch einen Keil (Fliesenabstandshalter) in das Ende des Zuführschlauches.

9 Elektrizität im Feuchtebereich

Elektrische Anlagen im Feuchtebereich, wozu Anlagen im Garten oder im Gewächshaus gehören, sollten unter Beachtung einschlägiger Vorschriften nur von Fachleuten mit den dafür vorgeschriebenen Geräten und Schutzeinrichtungen installiert werden. Für 220-V-Aquariumpumpen sind z.B. Gummikabel anstelle von Kunststoffkabel als Anschlußleitung vorzusehen. Gleichzeitig ist für diese Pumpen eine Kabellänge von 10 m vorgeschrieben.

Alle elektrischen Anschlüsse müssen gegen Regen- oder Spritzwasser geschützt sein und sollten deshalb in Schaltkästen untergebracht werden.

Alle Steuerleitungen (z.B. für Feuchtefühler) sollten grundsätzlich nur 12 V oder 24 V Anschlußspannung haben. Zur Vereinfachung der elektrischen Anlage kann es sinnvoll sein, auch die von Feuchtefühlern oder anderen Steuergeräten geschalteten Pumpen oder Magnetventile mit 12 V oder 24 V Anschlußspannung zu betreiben. Bei vergleichsweise geringem Stromverbrauch der elektrischen Geräte (z.B. Aquariumpumpe oder Magnetventil) stellt ein 12-V-Akku mit bevorzugt automatisch ein- und ausschaltendem Ladegerät eine günstige Lösung dar. Die Vorteile sind:
– Die Netzunabhängigkeit und damit auch die Eignung für Gartengrundstücke ohne Stromanschluß und
– der von Akkus erzeugte Gleichstrom der gleichmäßiger und dadurch für unsere Zwecke besser geeignet ist als der mit Hilfe von Gleichrichtern aus Wechselstrom erzeugte Gleichstrom. Ein weiterer Vorteil von Gleichstrom ist die günstige Regelung der Tauchpumpen-Drehzahl und damit der Förderhöhe und -menge durch Potentiometer oder Regeltrafo (Spielzeugeisenbahn).

Als Vorteil der 220-V-Netzspannung ist der preisgünstige Betrieb von Stecker-Schaltuhren zu nennen. Außerdem arbeiten die meisten Aquariumpumpen mit 220-V- oder 24-V-Wechselstrom mit einer frequenzabhängigen Drehzahl. Für den Hobbybereich sind preisgünstige Stecker-Netzgeräte im Handel. Transformatoren sind grundsätzlich als Trenntrafos Schutzklasse II (VDE 0551) zu verwenden, damit bei Schäden an der Primärwicklung die Sekundärwicklung nicht beeinträchtigt wird.

Magnetventile sind jeweils nur für einen bestimmten Druckbereich geeignet. Solche, die für den Anschluß an die Wasserleitung vorgesehen sind, haben eine kleine Nennweite und erfordern meist einen Mindestdruck von 0,2 bar, entsprechend 2 m Wassersäule eines Hochbehälters. Ist das Wasserniveau im Hochbehälter nur wenig höher als das Magnetventil, sollte letzteres eine Nennweite von 3 mm oder größer haben.

10
Physikalische und chemische Begriffe in Verbindung mit Wasser und Substrat

- **Entsalzung des Wassers:**
Teilentsalzung: Entfernen von Kalk und Magnesium
Vollentsalzung: Anionen- und Kationenaustausch durch spezielle Entsalzungsanlagen in Form von Kationen- und Anionenaustauschern, welche aus Kunstharzen bestehen (z. B. Lewatit) und mit bestimmten Säure- bzw. Laugengruppen beladen sind. Beim Durchlauf des Wassers erfolgt ein Austausch der Ionen und damit eine Entsalzung. Von Zeit zu Zeit müssen Kationen- und Anionenaustauscher mit verdünnter Säure bzw. Lauge regeneriert werden.
Umkehrosmose: Entsalzung über Feinstmembranen, die das Salz zurückhalten. Abhängig vom Vordruck wird nur ein kleiner Teil des Wassers genutzt, bei geringen Drücken 10%. Je höher der Druck ist, um so größer ist der Anteil an Nutzwasser im Vergleich zum Abfallwasser (salzangereichertem Wasser).
- **Kapillarität:** Die Kapillarität (Haarröhrchenwirkung) ist eine physikalische Eigenschaft, die in engem Zusammenhang mit Adhäsionskraft (Aneinanderhaften von Molekülen zweier verschiedener Stoffe – hier Substrat bzw. Docht- oder Mattenfaser und Wasser – im Grenzflächenbereich) steht. Kapillarkräfte bewirken den Transport von Flüssigkeiten in allen Richtungen unter Überwindung der Schwerkraft. Die Kapillaren sind Haarröhrchen, bzw. Teile verzweigter kapillarer Hohlräume, wobei diese keine Röhren zu sein brauchen, sondern beliebige veränderliche Querschnitte aufweisen können. Die Kapillarität tritt auch an Spalten und bei Porösität auf. Die Kapillarität hat besondere Bedeutung für die Hydrokultur allgemein, insbesondere aber für die Docht-Bewässerung, da unter Berücksichtigung der unterschiedlichen Kapillarität von Pflanzstoffen und Dochten eine optimale Feuchtigkeit und gleichzeitig Luftdurchlässigkeit für gutes Pflanzenwachstum bei minimalem Zeitaufwand des Pflanzenliebhabers eingehalten werden kann.
- **Leitfähigkeit (Salzgehalt):** Sowohl Substrate als auch Nährlösungen sollten eine obere Grenze der Salzkonzentration nicht überschreiten, andernfalls können die Pflanzen Schaden nehmen. Zur Überprüfung des Salzgehaltes wird die elektrische Leitfähigkeit der betreffenden Nährlösung gemessen. Die elektrische Meßeinheit wird in Mikrosiemens (μS/cm) angegeben. Durch Multiplikation des in μS/cm gemessenen Wertes mit dem Faktor 0,625 erhält man den ungefähren Salzgehalt der betreffenden Lösung in mg/l.
- **Nährlösung:** Wäßrige Lösung von Nährsalzen in der Konzentration von 0,5–2‰.
- **Nährstoffe:** Für das Leben einer Pflanze unentbehrliche Elemente. Zu diesen gehören H (Wasserstoff), O (Sauerstoff), C (Kohlenstoff), N (Stickstoff), P (Phosphor), K (Kalium), Ca (Calcium), S (Schwefel), Mg (Magnesium) sowie in geringen Mengen Mikronährstoffe Fe (Eisen), Mn (Mangan),

Stauden erbringen während der sommerlichen Vegetationszeit häufig eine erstaunliche Wachstumsleistung. Dies ist jedoch nur bei ausreichender Wasserversorgung möglich. In Trockenperioden muß deshalb mehrfach durchdringend gewässert werden. Automatische Bewässerungseinrichtungen erleichtern diese Arbeit

Zn (Zink), Cu (Kupfer), B (Bor), Mo (Molybdan), Cl (Clor).

- **pH-Wert:** Der pH-Wert beziffert die Menge der H_3O^+-Ionen einer Lösung. Für den Pflanzenliebhaber reicht es aus zu wissen, daß ein Wasser mit dem pH-Wert 7 neutral ist. Die Zahlen unter 7 bezeichneen die Zugehörigkeit zum sauren Bereich, entsprechend einem größeren Anteil an H-Ionen im Vergleich zu OH-Ionen, Zahlen über 7 die Zugehörigkeit zum alkalischen Bereich, entsprechend einem größeren Anteil an OH-Ionen im Vergleich zu H-Ionen. Zum Messen des pH-Wertes genügen für den Hobbygärtner Test-Lackmuspapierstreifen, die sich beim Eintauchen in Wasser oder Erdextrakte verfärben und mit einer Farbskala verglichen werden. Erwerbsgärtner und fortgeschrittene Hobbygärtner verwenden elektronische pH-Meßgeräte, welche das Meßergebnis analog oder digital anzeigen. Der pH-Wert steht in enger Beziehung zur Karbonathärte des Wassers und der im Wasser enthaltenen Kohlensäure (H_2CO_3). Karbonate bewirken einen Anstieg des pH-Wertes (auf max. pH 8,75). Je größer die Karbonathärte ist, desto stabiler ist der pH-Wert des Wassers. Sowohl Regenwasser als auch destilliertes Wasser nimmt Kohlensäure aus der Luft auf. Das gleiche gilt für das einer Vollentsalzungsanlage entnommene Wasser. Während chemisch reines, unter Luftabschluß gehaltenes Wasser neutral ist, also einen pH-Wert von 7,0 besitzt, ist Wasser, das mit Luft in Berührung kommt, schwach sauer, pH Wert 5,0 bis 5,7.
- **Sauerstoff im Wasser:** Je wärmer das Wasser ist, um so weniger Sauerstoff vermag das Wasser festzuhalten.

Temperatur (°C)	Sauerstoff (mg/l)
5	12,4
10	10,9
15	9,8
20	8,8
25	8,1
30	7,5
35	7,0

Der Sauerstoffgehalt im Wasser, bzw. in der Nährlösung, kann durch Wasserbewegung mit Hilfe einer Pumpe erhöht werden.

Wer den ganzen Sommer über Freude an seinen Balkonkastenpflanzen haben möchte, sollte wenigstens während der Urlaubszeit für eine zuverlässige automatische Bewässerung sorgen

• **Saugspannung:** In der Erde entsteht ein Unterdruck, der z. B. mit Hilfe eines Tensiometers gemessen werden kann. Dabei entsteht eine Wasser-(Saug-)spannung, die um so größer ist, je trockener die Erde ist und bei nasser Erde gegen O geht. Ursachen von Unterdruck, bzw. Saugspannung, ist vor allem die Kapillarität des Bodens. Die Pflanze muß das Wasser gegen die Saugspannung des Substrats, bzw. Bodens aufnehmen. Dies kann sie nur in einem begrenzten Wasserspannungsbereich der zwischen vollkommen nasser Erde (Wasserspannung geht gegen 0) und trockener Erde (etwa 15 bar Wasserspannung) liegt. Hier ist der Welkepunkt erreicht, der allerdings von der Pflanzenart abhängig ist. Wüsten- und Salzpflanzen können dem Boden noch gegen eine Saugspannung von über 50 bar Wasser entziehen. Optimal ist die Wasserversorgung für viele unserer Topfpflanzen, wenn die Saugspannung zwischen 60 und 120 mbar liegt. Die Saugspannung entsteht auch in Dochten und Matten und ist die Ursache der zunehmenden Transportfähigkeit von Wasser, wenn dieses durch Kontakt mit der Erde oder den Pflanzenwurzeln entzogen wird. Die Saugspannung erhöht sich ebenfalls durch Verdunstung und damit durch Umwelteinflüsse (Temperatur, Luftbewegung, Luftfeuchte).

• **Wasserhärte:** Die Wasserhärte wird in »Grad Deutsche Härte« = °dH oder °d ausgedrückt. Sie gibt an, wieviel härtebildende Kalk- und/oder Magnesiumsalze in einem Liter Wasser enthalten sind. Abhängig vom Härtegrad wird das Wasser eingeteilt in:

0 bis 4° dH = sehr weich
4 bis 8° dH = weich
8 bis 12° dH = mittelhart
12 bis 18° dH = ziemlich hart
18 bis 30° dH = hart
über 30° dH = sehr hart
1° dH = 10 mg CaO (bzw. 7,19 mg MgO) oder 18 mg $CaCO_3$ in 1 l Wasser

Karbonathärte: Damit bezeichnet man die vorübergehende oder temporäre Härte, die sich beim Erhitzen des Wassers auf über 50°C als Kesselstein ($CaCO_3$) niederschlägt. Sie ist für den Anstieg des pH-Wertes im Wasser verantwortlich.

Nichtkarbonathärte: Das ist der Teil der

Durch die Transpiration der Pflanzen wird die umgebende Luft abgekühlt. Ein Sitzplatz zwischen Pflanzen im Garten oder auf dem Balkon ist deshalb auch an heißen Sommertagen angenehm temperiert

Wasserhärte, der auch bei Erhitzen des Wassers über 50°C im Wasser verbleibt.

• **Wasserkapazität:** Die Wasserkapazität eines Bodens oder Substrats bezeichnet die Wassermenge, die er maximal gegen die Schwerkraft festhalten kann. Sie ist u. a. abhängig von der Bodenart und dem Gehalt an organischer Substanz. Sand hat eine wesentlich geringere Wasserkapazität als Lehm, dieser eine geringere als Ton und Ton eine geringere als Torf.

11
Versuche mit Docht und Matte

Kapillarität allgemein

Versuch: Glasröhrchen mit 1 mm, $^1/_2$ mm und $^1/_3$ mm $\varnothing$ werden in Wasser eingetaucht.
Ergebnis: Je kleiner der Durchmesser ist, um so höher steigt im Röhrchen das Wasser, bei 1 mm $\varnothing$ = 30 mm, bei $^1/_2$ mm $\varnothing$ = 60 mm, bei $^1/_3$ mm $\varnothing$ = 90 mm.

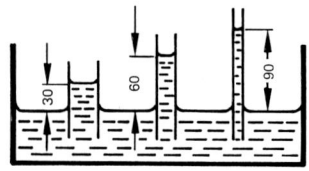

Die Wasser-Randzonen sind nach oben gewölbt. Die Schwerkraft der Wassersäule begrenzt die Wasser-Steighöhe.

Kapillarität von Dochten

Versuch 1: Zwei Gläser nebeneinanderstellen, eines mit Wasser füllen, das andere leer lassen.
Beide Gläser mit einem Docht verbinden. Naturfaser, wie z.B. Wolle oder Baumwolle, werden bei diesem Versuch nicht verwendet, da sie im Laufe der Zeit faulen.
Ergebnis: Bestimmte Dochte, wie z.B. Glasfaser-Garn, gewebte oder geflochtene Garne aus synthetischen Fasern fördern aus dem zunächst trockenen Zustand Wasser so lange in das andere Glas, bis das Niveau beider Gläser auf gleicher Höhe ist.
Andere Dochte, wie z.B. Perlon- oder Nylongarne fördern nur dann Wasser, wenn sie vorher naß gemacht werden, d.h. sie erhalten ihre zur Förderung erforderliche Kapillarität durch das Naßmachen.

Die Fördergeschwindigkeit ist von der Kapillarität, d.h. vom Dochtmaterial und Dochtdurchmesser abhängig. Ein dicker Docht mit vielen kleinen bis mittleren Kapillaren fördert schneller bzw. mehr als ein dünner Docht mit großen Kapillaren.
Versuch 2: Das zweite Glas wird höher als das erste Glas gestellt (z.B. 10 cm, 20 cm).
Ergebnis: Der Docht wird naß, die Feuchtigkeit nimmt von unten nach oben ab. Es wird kein Wasser abgegeben.
Versuch 3: Oberes Gefäß mit einem Substrat großer Kapillarität (z.B. gute Gartenerde) füllen und Docht(e) gleichmäßig verteilen.

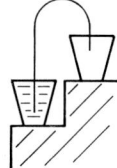 

Ergebnis: Der Docht durchnäßt das Substrat. Bei warmem Wetter und damit größerer Verdunstung fördert ein Docht bis zu 100% mehr als bei kaltem Wetter und geringer Verdunstung.
Ein gesättigtes Substrat nimmt kein weiters Wasser auf, auch nicht nach Erhöhung der Dochtmenge.
Wird das obere Gefäß mit einem Stoff geringer Kapillarität, z.B. Styromull gefüllt, bleibt dieser trocken. Daraus folgt, die Fördermenge ist nicht nur vom Docht, sondern auch von der Kapillarität des den Docht berührenden Stoffes abhängig.

Kapillarität von Substraten

Versuch 1: Das obere Gefäß wird nacheinander mit verschiedenen Substraten gefüllt. Der Docht wird darin eingebettet. Es wird die Gewichtszunahme durch Wasseraufnahme in Abhängigkeit von der Zeit gemessen.
Ergebnis: Die Sättigung, d.h. der Zeitpunkt, bei dem keine Wasseraufnahme mehr erfolgt, ist unterschiedlich, einerseits von der inneren Struktur des Substrates (z.B. Offenporigkeit oder Geschlossenporigkeit) und andererseits von der Größe der Teilchen abhängig (kleine Teilchen haben größere Oberflächenkapillarität).

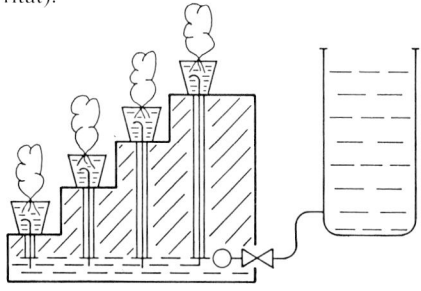

Die Wasseraufnahme ist im trockenen Zustand des Substrats sehr gering, sie nimmt parabelförmig bis zur Sättigung zu. Die der Pflanze zugeführte Wassermenge ist nach dem Eintopfen im trockenen Zustand und anschließendes Eintauchen des Dochtes in die Nährlösung zu klein, um einen Ausgleich für den Wasserbedarf der Pflanze, die Verdunstung und das Füllen der Kapillare mit Wasser zu schaffen. Deshalb ist bevorzugt ein leicht feuchtes Substrat zum Eintopfen zu verwenden, wodurch den Pflanzenwurzeln eine Startfeuchtigkeit gegeben wird und ein Teil der Kapillare des Substrats sich mit Wasser füllt, oder nach dem Eintopfen von oben gießen. Bei großen Pflanzen oder nahezu im Ruhezustand befindlichen Pflanzen kann das sehr langsame Ansteigen der Feuchtigkeit auch ein Vorteil sein. Nachteilig ist die zu große Anfangstrockenheit bei Sämlingen und im Wachstum befindlichen Pflanzen.
Versuch 2: Die gleichen Substrate werden trocken gewogen, in Beutel abgefüllt und mit Gewicht beschwert, in Wasser versenkt. Es wird die Gewichtszunahme in Abhängigkeit von der Zeit gemessen.

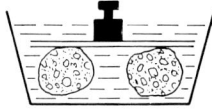

Ergebnis: Das Ergebnis hat eine gewisse Parallelität zu Versuch 1. Die Sättigungszeit ist allerdings bei Versuch 2 erheblich kürzer als bei Versuch 1. Aus den Versuchen 1 und 2 läßt sich jedoch eine sehr gute Ermittlung des Wasser-Speichervermögens von Substraten in Abhängigkeit von der Zeit ermitteln.
Für die untere Topfhälfte sind besonders Substrate geeignet, die nur eine verhältnismäßig geringe Wassermenge aufnehmen können. Substrate oder Substratgemische, die sich, bezogen auf das Gesamtvolumen, zu mehr als 50% mit Wasser vollsaugen können und keine oder wenig Lufträume behalten, sind für die untere Topfhälfte nur begrenzt geeignet. Vom Lufthaltevermögen (der Luftkapazität) sind u.a. Styromull (evtl. als Beimengung), Kork, Blähton, Holzkohle, Polyurethan und Sand geeignet.

Kapillarität von Matten

Versuch 1: Eine Matte von z. B. 10 cm Breite wird mit ihrem Randstreifen in eine Rinne mit konstantem Wasserniveau (durch Schwimmerventil) eingehängt. Die Matte selbst liegt auf einer Fläche mit hochgezogenen Rändern. Es wird nacheinander die Wasseraufnahme in abgestuftem Bereich zwischen -100 mm und $+200$ mm gemessen, d. h. die Matte liegt im unteren Grenzbereich 10 cm tiefer als das Wasserniveau der Rinne und im oberen Grenzbereich 20 cm höher.

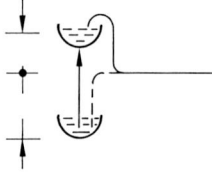

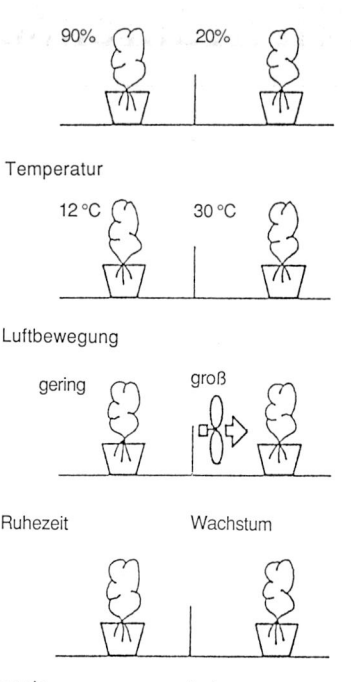

Ergebnis: Bei tiefer liegender Matte erfolgt nach und nach ein Überfluten, bis der Wasserstand oberhalb der Matte mit dem der Rinne identisch ist.
Bei Matte in gleicher Höhe wie die Rinne wird die Matte ebenfalls völlig naß. Je höher die Matte im Vergleich zur Rinne angehoben wird, um so geringer wird die Wassersättigung, bis schließlich die Befeuchtung kaum noch fühlbar oder meßbar ist. Die Benässungskurve ist eine Parabel.

Wasserbedarf von Pflanzen

Versuch 1: Zwei Pflanzen gleicher Art, gleicher Größe und mit gleichem Gewicht in angefeuchtetem Zustand des Substrats, werden unter unterschiedlichen Bedingungen aufgestellt:
1. Hohe Luftfeuchtigkeit, kalte Umgebungsluft, ruhende Luft.
2. Niedrige Luftfeuchtigkeit, warme Umgebungsluft, große Luftbewegung im Pflanzenbereich (Ventilator).
Ergebnis: Alle Faktoren der ersten Gruppe verringern den Wasserbedarf von Substrat und Pflanze, die der zweiten Gruppe vergrößern den Wasserbedarf.
Versuch 2: Es wird der Wasserverbrauch von zwei Pflanzen unterschiedlicher Größe während der Wachstumszeit im gleichen Raum, bei gleicher Dochtzahl und bei gleichen Umweltbedingungen überprüft. Das Untergefäß enthält bei Versuchsbeginn die gleiche Wassermenge.
Ergebnis: Obgleich beide Dochte identisch sind, ist der Wasserverbrauch der größeren Pflanze größer. Damit ist erwiesen, daß die Dochte sich in begrenztem Rahmen dem Wasserverbrauch der Pflanze anpassen können.
Bei zu großer Dochtzahl erfolgt eine Übernässung!

Weiterführende Literatur

BECKET, K., 1982: Pflanzen unter Glas. Ravensburg: Otto Meyer.
DEISER, E., 1981: Zimmerpflanzen in Hydrokultur. Stuttgart: Franckh'sche Verlagsbuchhandlung.
FAST, G., 1980: Orchideenkultur, Stuttgart: Eugen Ulmer
FRENZ, F. W., LECHL, P., STURM, A., 1988: Balkon- und Terrassengärten. München: BLV – Verlagsgesellschaft.
GEISTER, R., 1984: Wasserkunde für die aquaristische Praxis. Stuttgart: Alfred Kärnen.
GUGENHAN, E., 1981: Folien- und Kleingewächshäuser im Hobbygarten. Stuttgart: Franckh'sche Verlagsbuchhandlung.
HANSELMANN, E., 1982: Hydrokultur. Stuttgart: Eugen Ulmer.
JAKOBI, K. H., MIERSWA, D., 1983: Gärtnern unter Glas und Folie. München: BLV – Verlagsgesellschaft.
JENNERICH, L., MOLITOR, H. D., 1990: Geschlossene Kulturverfahren. Braunschweig: Thalacher.
JORCK, N., 1983: Biologisch zimmergärtnern. Niederhausen: Falcken-Verlag.
KTBL-Schriften und -Arbeitsblätter (Kuratoriums für Technik und Bauwesen in der Landwirtschaft): Münster-Hiltrup: Landwirtschaftsverlag.
Nr. 328, FRISCH, J., 1988: Bewässerung im Gartenbau
Nr. 0615, MACKROTH, K., 1978: Einzeltopf-Bewässerungssysteme
Nr. 0620, SAURELL, H., 1979: Feldberegnung
Nr. 0621, MUSIL, V., 1980: Sammelbecken für Regenwasser
Nr. 0642, LECHER, F., 1985: Düngerbeimischer
Nr. 0649, MACKROTH, K., 1987: Regel- und Steuergeräte für Topfpflanzen-Bewässerungsanlagen
KUEHLE, G., 1970: Zimmerpflanzen ohne Erde. Radebeul: Neumann-Verlag.
MAEKELER, M., 1990: Fruchtbarer Gartenboden durch richtige Bodenpflege und Düngung. Berlin u. Hamburg: Paul Parey.
MENAGE, R., 1988: Gärtnern im Gewächshaus. Stuttgart: Unipart.
ROTTER, H., 1980: Hydrokultur: Pflanzen ohne Erde, mühelos gepflegt. Niederhausen: Falcken-Verlag.
SCHUBERT, M., 1979: Mehr Blumenfreude durch Hydrokultur. München: BLV-Verlagsgesellschaft.
SCHUBERT, M., HERWIG, R., 1980: Wohnen mit Blumen. München: BLV-Verlagsgesellschaft.
Sommer, S., 1974: Blumen- und Pflanzenfenster. Berlin: VEB Deutscher Landwirtschaftsverlag.
Stiftung Warentest, 1987: Garten, Erfolge auch ohne Chemie. Berlin: Stiftung Warentest.
VOCKE, G., 1987: Langzeitversorgung von Zimmerpflanzen. Stuttgart: Frech-Verlag.
VOCKE, G., 1981: Blütenpracht in Grolit. Niedernhausen: Falcken-Verlag.
WALTER, M., 1977: Das Kleingewächshaus. Stuttgart: Eugen Ulmer.

Sachregister

Halbfett hervorgehobene Seitenangaben verweisen auf eine nähere Erklärung des Begriffes im Abschnitt »Begriffe aus der Bewässerungstechnik« auf den Seiten 20–24 des Buches

Absperrventil **20**, 36
Abstandsplatte 72
Algenbildung 37, 61, 64
Ampelpflanze 13, 55–58
Anorganisches Substrat 14, 27, 42
Anstaubewässerung 13, 22, 44
Armatur **20**
Automatische Steuerung 29

Balkon 13
Balkonkasten-Bewässerung 53 f., 59
Baum 13
Belüftung 16
Beregnung 13, 22, 33
Beregnungsanlage 33 ff.
Bewässerungsregelung 29 ff., 32
Bewässerungsschale 66, 70, 71 f.
Bewässerungssystem, geschlossenes 12
Bewässerungssystem, offenes 12
Bewässerungsverfahren 14, 20, 22
Blähton 15, 42
Blähtonkultur 13, 22
Blumenfenster 13
Blumenkasten 41, 53, 66, 71
Blumentisch 69
Blumentreppe 53, 54
Blumenwanne 13
Bodenart 16
Brunnen 76

Chemischer Begriff 86 ff.
Computergesteuerte Bewässerung 32

Dachgarten 13
Dauerbewässerung 42
Desinfektion 19
Dichtkegel **20**
Dichtstopfen **20**
Dochtbewässerung 13, 22, 45 ff.
Docht-Matten-Bewässerung 67
Dochtmenge 51
Docht-Röhrchenbewässerung 13, 22, 50, 53
Dochtschlauch 52, 53
Docht-von-oben-Methode 52
Docht-von-unten-Methode 50
Drosselventiltropfer 13, 22, 39
Druckabfall 36
Druckeinheit **23**
Druckschalter **23**
Druckspeicher **23**
Dünger 12, 35, 76
Düsenrohr-Beregnungsanlage 13, 22, 33

Ebbe-Flut-Bewässerung 22, 43
Ebbe-Flut-Dochtbewässerung 13, 22, 51
Ebbe-Flut-Docht-Mattenbewässerung 68
Ebbe-Flut-Mattenbewässerung 13, 22, 67
Einheitserde 15
Einrohr-Tropfbewässerung 13, 22, 37
Eintopfen 49
Elektrizität 85 ff.

Entsalzung 86
Epiphyt 61 ff.
Erdfeuchtegesteuerter Tropfer 13, 22, 39
Erdkultur 22
Erdtonkultur 13

Fensterbank 13
Feuchteabhängige Steuerung 29
Feuchtefühler 20, 29, 30 f.
Filter 36
Fitting **23**, 78
Fließrinnenbewässerung 13, 22, 44
Flüssigdünger 12, 42
Füllstandsanzeiger 81

Gemüsebeet 13
Gewächshaus 13
Gewichtsabhängige Steuerung 31
Gewindedichtung **23**
Gießwagen 22
Glasfasermatte 64, 69
Gleichstrom **23**
Grundwasser 76

Hauswasserwerk **23**, 35
Hochbehälter 76
Hydrodünger 12
Hydrokultur 13, 22, 27, 42, 44
Hydrokultur-Substrat 15
Hygromull 15
Hysterese **23**, 30

Impulsregner 13, 22, 34
Insekten 19

Kapillarbewässerung 13, 16, 22, 27, 42 ff.
Kapillarität 42, 48, 86, 90, 91, 92
Karbonathärte 88
Kreisregner 13, 22
Kübelpflanze 13, 58
Kübelpflanzen-Einzelbewässerung 60

Leitfähigkeit 86
Leitung 77
Leitungswasser 11, 35, 41
Leitwert 18, 19
Lippenschlauch 37
Lufteinschluß 36, 38

Magnetventil 29, 32, 85
Manometer **23**
Manuelle Steuerung 29
Mattenbewässerung 13, 22, 45, 63, 65
Meßfühler **23**, 31
Mikrokanalschlauch 37
Mikroorganismen 14, 19, 35
Mikroregner 35
Mikrosiemens 18, 86
Minitauchpumpe 82

Nadellochfolie 64, 66
Nährlösung 86
Nährsalz 12, 20
Nährstoff 20, 42, 86
Nährstoffabgabe 26
Naß-Trockenperiode 46
Netztrafo 29
Nichtkarbonathärte 88
Niveau-Steuergerät 79

Organisches Substrat 14, 42

Pflanzenwaage 31
Pflanzgefäß 70
pH-Wert 16 ff., 87
Physikalischer Begriff 86 ff.
Pikierschale 72
Pilzkrankheit 19
Pufferwirkung 16, 27

Quellkörper-Feuchtefühler 31, 40

Rasenanlage 13
Regenwasser 11, 56, 74
Regenwasserablauf 56
Regenwasser-Speicherung 75
Rohrdurchmesser **23**
Rohrgewinde **23**
Rotor-Sprühregner 34

Salzgehalt 18
Sandbewässerung 27
Sättigung 91
Sauerstoff 87
Saughöhe 42, 46, 52
Saugspannung 30, 88
Schädlingsbekämpfungsmittel 19
Schaltuhr **23**, 29
Schlauchanschluß **23**
Schlauchdurchmesser **23**
Schlauchtropfer 13, 22, 38
Schnecke 19
Schraub-Klemmverbindung 77
Schutzarten **24**
Schwimmerlose Niveau-Steuerung 82 f
Schwimmerloses Niveau-Steuergerät 80
Schwimmerschalter **24**
Schwimmerventil **24**, 52, 53, 55, 61, 79
Schwimmerventil-Behälter 30 f, 61, 80
Sektorenregner 13
Sprinkler 13, 22
Sprühregner 13, 22, 33, 34
Steckverbindung 77
Steinwolle 15, 43
Stellfläche 27, 66, 74
Steuerung 29 ff.
Strauch 13
Stromkreis **24**, 29
Styromull 15
Styropor 15
Substrat, organisch 14, 20, 42, 51

Tauchpumpe 24
Teilentsalzung 86
Tensiometer 24, 30, 31
Tensiostat 24, 30, 31, 40
Terrasse 13
Topf 70

Torfsubstrat 15
Transformator 24, 85
Tropfbewässerung 13, 26, 33, 36
Tropfnadel-Schlauch 38
Tropfschlauch 38
Turbinen-Sprühregner 34

Überpflanzenbewässerung 22, 24, 33, 35
Übertopf 20, 71
Umkehrosmose 86
Umtopfen 51
Umweltbedingungen 46
Umweltfreundliche Bewässerung 11
Umweltbedingungen 30
Unterdruckschalter 24, 30, 31
Unterpflanzenbewässerung 22, 26
Urlaubsbewässerung 12

Ventiltropfer 39
Venturidüse **24**
Versenkregner 13, 22, 33, 35
Versuch 90 ff.
Viereckregner 13, 22, 34
Vollentsalzung 86

Wachstumsfaktor 10
Wärmeabhängige Steuerung 31
Wasserabgabe 26, 27, 36
Wasserabschaltuhr **24**, 29
Wasserbedarf 92
Wassergefäß 70
Wasserhärte 88
Wasserkapazität 89
Wasserspannung 88
Wasserverbrauch 10, 11
Wasserversorgung 74 ff.
Wechselstrom 24
Wegeventil 24, 52

Zeitabhängige Steuerung 29
Zeitrelais **24**, 29
Zeitschaltventil **24**, 29
Zuschlagstoff 15

❀ GARDENA® Der Bewässerungsspezialist!

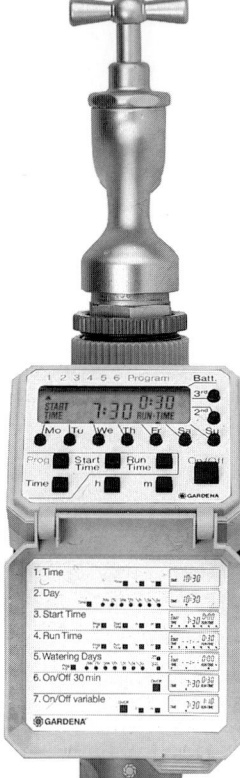

GARDENA bietet Ihnen alles, was zur Gartenbewässerung nötig ist: Von der Gießbrause an über Kreis- und Viereckregner bis hin zu vollautomatisch steuerbaren, wassersparenden Tropfbewässerungs- und Versenkberegnungs-Systemen.

Fragen Sie bitte Ihren Gartenfachhändler nach dem vielseitigen Angebot an Bewässerungsprodukten von GARDENA.

❀ GARDENA®
Kress + Kastner GmbH

Postfach 27 47
7900 Ulm/Donau
Telefon (07 31) 4 90-0

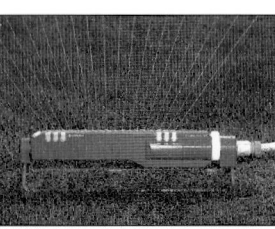